Economia da
FELICIDADE

CB007819

CARLOS ALBERTO RAMOS

Economia da
FELICIDADE

Rumo a uma nova medição da
PROSPERIDADE DAS NAÇÕES

ALTA BOOKS

Rio de Janeiro, 2021

Produção Editorial Editora Alta Books	**Produtor Editorial** Illysabelle Trajano	**Coordenação de Eventos** Viviane Paiva eventos@altabooks.com.br	**Equipe de Marketing** Livia Carvalho Gabriela Carvalho marketing@altabooks.com.br
Gerência Editorial Anderson Vieira		**Assistente Comercial** Filipe Amorim	
Gerência Comercial Daniele Fonseca		vendas.corporativas@altabooks.com.br	**Editor de Aquisição** José Rugeri j.rugeri@altabooks.com.br
Equipe Editorial Ian Verçosa Luana Goulart Maria de Lourdes Borges Raquel Porto Rodrigo Dutra	Thales Silva Thiê Alves	**Equipe de Design** Larissa Lima Marcelli Ferreira Paulo Gomes	**Equipe Comercial** Daiana Costa Daniel Leal Kaique Luiz Tairone Oliveira Vanessa Leite
Revisão Gramatical Amanda Meirinho Rochelle Lassarot	**Diagramação e Capa** Joyce Matos		

Publique seu livro com a Alta Books. Para mais informações envie um e-mail para **autoria@altabooks.com.br**

Obra disponível para venda corporativa e/ou personalizada. Para mais informações, fale com **projetos@altabooks.com**

Erratas e arquivos de apoio: No site da editora relatamos, com a devida correção, qualquer erro encontrado em nossos livros, bem como disponibilizamos arquivos de apoio se aplicáveis à obra em questão.

Acesse o site **www.altabooks.com.br** e procure pelo título do livro desejado para ter acesso às erratas, aos arquivos de apoio e/ou a outros conteúdos aplicáveis à obra.

Suporte Técnico: A obra é comercializada na forma em que está, sem direito a suporte técnico ou orientação pessoal/exclusiva ao leitor.

A editora não se responsabiliza pela manutenção, atualização e idioma dos sites referidos pelos autores nesta obra.

Ouvidoria: ouvidoria@altabooks.com.br

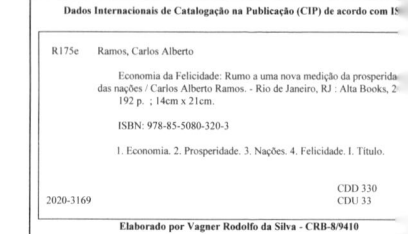

Dados Internacionais de Catalogação na Publicação (CIP) de acordo com IS

R175e Ramos, Carlos Alberto

Economia da Felicidade: Rumo a uma nova medição da prosperidade das nações / Carlos Alberto Ramos. - Rio de Janeiro, RJ : Alta Books, 2 192 p. ; 14cm x 21cm.

ISBN: 978-85-5080-320-3

1. Economia. 2. Prosperidade. 3. Nações. 4. Felicidade. I. Título.

2020-3169

CDD 330
CDU 33

Elaborado por Vagner Rodolfo da Silva - CRB-8/9410

 Rua Viúva Cláudio, 291 — Bairro Industrial do Jacaré
CEP: 20.970-031 — Rio de Janeiro (RJ)
Tels.: (21) 3278-8069 / 3278-8419
ALTA BOOKS www.altabooks.com.br — altabooks@altabooks.com.br
EDITORA www.facebook.com/altabooks — www.instagram.com/altabooks

A Fernando Ruben Cerruti (Nano)

(in memoriam)

Sumário

Introdução

A *raison d'être* da economia, desde seus primórdios, girou em torno de conceitos como utilidade ou bem-estar. O objetivo último dos indivíduos (e a obrigação dos governos) giraria em torno da obtenção da máxima utilidade ou bem-estar, para ele próprio (no caso dos indivíduos) e para todos os cidadãos (no caso dos governos). Adam Smith (1723-1790) corriqueiramente é identificado como o primeiro economista, particularmente pelas contribuições contidas na sua obra-prima *A Riqueza das Nações* (1776). Contudo antes desse trabalho seminal, Adam Smith, que pode ser qualificado como economista ou rotulado de filósofo, escreveu a *Teoria dos Sentimentos Morais* (1759). Nessa obra, o economista/filósofo escocês já introduzia a questão da felicidade nas suas reflexões: "o que falta à felicidade do homem saudável, que não possui dívidas e tem a consciência limpa?" (Smith, 1759, p. 53). Essa frase, bem conhecida e incontáveis vezes citada, não pode ser assumida como um exemplo pontual, uma vez que, na *Teoria dos Sentimentos Morais*, a questão da felicidade permeia todo o texto.

A partir dessas menções iniciais, com o passar do tempo, o termo felicidade foi substituído por vocábulos próximos, como utilidade ou bem-estar. Em todos os casos, as expressões pretendiam ser a manifestação de um projeto vital e a explicitação mais cristalina e, talvez, a mais radical, foi exposta na obra de Jeremy Bentham (1748-1832), para quem a procura do prazer era identificada como um "princípio moral". Se o radicalismo hedonista de Bentham foi temperado por outros filósofos ingleses (como John Stuart Mill e seu hedonismo altruísta), o utilitarismo como corrente filosófica exerceu enorme influência nas ciências sociais e formatou todo o pensamento econômico moderno. A racionalidade do *Homo economicus*, a sua singularidade pautada por uma conduta maximizadora hedonista-consumista, foi um dos alicerces sobre os quais se pretendeu explicar o funcionamento das economias de mercado.

Na essência, era assumido que a felicidade/utilidade/bem-estar estava alimentada pelo consumo de bens e serviços no mercado. De forma quase inexorável, inferia-se que, quanto maior fosse a quantidade de bens e serviços que uma sociedade dispunha em um momento do tempo, maior seria sua felicidade/utilidade/bem-estar. O corolário lógico era: o objetivo de toda sociedade deveria ser elevar o PIB. A máxima "mais é melhor que menos" prevalecia como sendo a bússola de todo país.

Essa lógica permeava todas as sociedades, desde as democracias liberais do Ocidente até as nações que arrogavam ser suas "concorrentes", adotando o marxismo-leninismo como a ideologia do Estado. O culto ao PIB como indicador-síntese as irmanava. Nas regiões subdesenvolvidas, a perspectiva desenvolvimentista imperava e alcançar a renda *per capita* dos espaços mais avançados do hemisfério norte era sinônimo de progresso. O PIB como indicador síntese de prosperidade tinha seu reinado absoluto. O Produto Interno Bruto era sinônimo de bem-estar, de felicidade e quanto maior aquele, mais elevada seria esta.

A partir dos anos 1960, esse paradigma começa a apresentar as primeiras gretas, especialmente depois da publicação do Informe do Clube de Roma (1972), no qual foram explicitados limites que o meio ambiente impunha ao desenvolvimento econômico. A crescente pressão sobre os recursos naturais, o paulatino aumento nos níveis de poluição, o estresse, produto da perseguição desenfreada por maior produtividade, foram fatores que induziram reflexões nos ambientes acadêmicos. Os ceticismos se tornaram mais gerais e iam desde dúvidas sobre o sinal da relação custo/benefício oriundo de aumentos na disponibilidade de bens e serviços até hesitações sobre a possibilidade de elevar de forma permanente os padrões de consumo sem comprometer a própria vida no planeta. Este debate alimentou diversas medidas, que, em geral, visaram auferir maior eficiência na utilização dos ecossistemas e tentar estabelecer limites aos níveis de poluição. Mas o objetivo de toda sociedade, assumido como idêntico ao progresso, continuou sendo a elevação do PIB *per capita*.

A dúvida sobre essa equivalência entre disponibilidade de bens e serviços no mercado e bem-estar de uma sociedade foi se estendendo e, paradoxalmente, em 1972, um pequeno Estado na Ásia — o Butão —, governado nessa época por uma monarquia absolutista, determina que um indicador denominado de Índice Bruto de Felicidade substituiria o PIB como parâmetro a ser monitorado para guiar e avaliar as ações do governo. Nas justificativas esgrimidas estavam a limitação do PIB para mensurar as diversas dimensões que dizem respeito ao bem-estar de uma sociedade. Aspectos como o meio ambiente, o patrimônio cultural, a boa governança seriam facetas que afetariam a qualidade de vida dos cidadãos, não estando assumidas na clássica contabilidade nacional.

Essa singular iniciativa de um diminuto e pobre país encravado na cadeia do Himalaia encontrou um parceiro particular, inusitado e inesperado. Em 1973 e 1974, um economista da nação mais desenvolvida do mundo — EUA — publica dois *papers* nos quais coloca em dúvida se um maior nível de renda é sinônimo de uma sensação de bem-estar mais elevada (Easterlin, 1973, 1974). O título do primeiro artigo sintetiza o desafio: *Does Money Buy Happiness?*[1] Easterlin, professor de economia na University of Southern California, um centro acadêmico que não pode ser caracterizado como marginal, coloca dúvidas sobre a correlação. Apoiado em dados, observa que paralelamente a uma renda em constante elevação, as declarações de satisfação com a vida dos cidadãos nos países mais desenvolvidos parecem imunes a esse dinamismo. Fica assim estabelecido o que ficou conhecido como o Paradoxo de Easterlin. Por que paradoxo? Lembremos que paradoxo é sinônimo de contrassenso, absurdo, incongruência. Ou seja, seria um "absurdo" que uma maior renda não se manifestasse em maiores autopercepções de bem-estar.

Talvez muitos possam identificar nessa denominação (paradoxo) uma certa arrogância da economia como disciplina. Porém, a ausência de correlação entre as duas séries seria um "absurdo" para o paradigma dominante, uma vez que coloca um desafio à sua perspectiva de olhar o mundo, provocação que dificilmente pode ser sintetizada em poucas palavras. Basicamente, o objetivo da economia como ciência autônoma e a meta dos países na modernidade girava em torno do aumento do PIB *per capita*. A elevação na disponibilidade de bens e serviços era

---

1 "O dinheiro compra felicidade? " (Tradução livre).

identificada como fonte de progresso e era assumida como devendo ter um impacto inexorável e direto sobre a percepção de felicidade ou bem-estar. Mas se a renda não se traduz necessariamente em satisfação com a vida, para que fixar todos os objetivos de uma sociedade em um parâmetro que tem uma duvidosa sequela sobre a qualidade de vida sentida pelos seus habitantes? Para que se aferrar a um objetivo com custos evidentes (tais como esgotamento dos recursos naturais, poluição, estresse, perda de patrimônios culturais) e benefícios duvidosos? Se a meta de qualquer sociedade é elevar a sensação de bem-estar de seus cidadãos, designar o PIB como propósito e parâmetro de avaliação de uma sociedade inteira não pareceria o caminho mais pertinente.

Essa crescente insatisfação com o PIB como estatística básica das comunidades modernas abriu espaço para aspirações que tinham como propósito substituir esse indicador por outro. Esses substitutos deveriam contar com mais dimensões que a estritamente associada à disponibilidade de bens e serviços no mercado. Assim, começam a proliferar sucedâneos, sendo talvez o IDH (Índice de Desenvolvimento Humano, gerado no âmbito do PNUD — Programa das Nações Unidas para o Desenvolvimento) o mais popular.

No Capítulo 1 do livro faremos uma resenha de todos esses aspectos, desde as raízes utilitaristas (utilitarismo *à la* Bentham) do modelo standard em economia, as razões que supostamente justificavam associar o PIB ao bem-estar, a tentativa de construir indicadores alternativos e superiores e as fragilidades dos mesmos.

Mas nos divorciar do PIB e transitar para uma estatística que considere as autodeclarações de bem-estar ou felicidade dos indivíduos não é uma metamorfose simples. Os desafios metodológicos e conceituais que envolvem construir e operacionalizar uma nova métrica são enormes. Por outra parte, aspectos teóricos subjacentes têm de ser definidos. No Capítulo 2 direcionaremos a nossa atenção a essas dimensões e componentes. Veremos que, sob diferentes prismas, a nova agenda de pesquisa implica uma ruptura com a racionalidade individual que fundamenta o modelo corriqueiro em economia. Essa nova racionalidade pode ajudar a compreender melhor o paradoxo que o Professor Easterlin encontrou.

Todavia, se as percepções de felicidade são alimentadas por diversas dimensões e por uma dada racionalidade que as processa, parte dessas facetas pode, sim, estar associada às categorias econômicas tradicionais. Em outras palavras, se estatísticas econômicas (como o PIB) não explicam a totalidade dos fatores que determinam o balanço de vida de uma pessoa, também não podem ser negligenciadas. Se a riqueza não necessariamente redunda em felicidade, a miséria também não. Consagraremos o Capítulo 3 à apresentação e análise dessas variáveis econômicas, em particular o PIB, o desemprego e a inflação.

Uma das usuais imputações à economia como disciplina autônoma está vinculada à sua vocação em extrapolar seu campo de pesquisa. A acusação segundo a qual estaria "colonizando" outras áreas é comum e, nesse sentido, o método do modelo standard, que consiste em assumir a conduta maximizadora de uma função objetiva respeitando certas restrições, é utilizada para abordar temas como a família, o divórcio, a quantidade de filhos, a prostituição, o crime. Inclusive a Economia da Felicidade é um nítido exemplo desse "imperialismo" da economia. Historicamente, a felicidade foi abordada em termos filosóficos e as reflexões de Aristóteles sobre o tema são um exemplo. A felicidade também pode merecer um olhar desde a psicologia, mas, como afirmamos no primeiro parágrafo desta Introdução, o objetivo da economia sempre girou em torno do tema, mesmo que tenha servido de expressões diferentes (como utilidade ou bem-estar) para denominá-la.

A novidade, então, não é um tratamento mais afunilado, mas a inclusão de variáveis diferentes. Em outros termos: que o consumo de bens e serviços fosse um aspecto crucial na percepção de bem-estar dos indivíduos sempre permeou o pensamento econômico. A estranheza, se existe alguma, foi a atual inclusão, nas pesquisas empíricas, de assuntos pouco usuais na análise econômica. Assim, é habitual encontrar em *papers* publicados em prestigiosos periódicos acadêmicos na área de economia avaliações sobre o impacto da viuvez, da quantidade de parceiros sexuais, do divórcio, dos filhos, da religião, da liberdade política sobre a autodeclaração de felicidade dos indivíduos. Esses aspectos não econômicos que os economistas incluem nas suas regressões serão o nosso tema de análise no Capítulo 4.

Por último, é natural uma indagação: todo o esforço de pesquisa teórica e empírica que a economia desenvolveu nas últimas décadas em torno do tema felicidade, teve como corolário alguma orientação em termos de política pública? Lembremos que, desde sua origem, a economia articulou, de forma extremamente eficiente e criativa, perspectivas analíticas e pesquisas empíricas, de onde se deduziam alternativas de política. Não obstante ser território de polêmica e debate, estão bem ancoradas na literatura especializada os nexos entre crescimento do PIB — no curto prazo — e as políticas monetárias e fiscais. Sabemos que a taxa de poupança, a escolarização da mão de obra, a quantidade de capital por trabalhador, são determinantes no crescimento de longo prazo. No caso da Economia da Felicidade, o empenho dos pesquisadores se cristalizou em recomendações de política ou simplesmente integra mais uma especialização restrita à reflexão acadêmica sem desdobramentos em termos de propostas de formatação de marcos legais/institucionais para nossas sociedades? Esse será o nosso tema no Capítulo 5 do livro.

Finalizaremos o livro com alguns comentários a modo de balanço.

CAPÍTULO 1

Precisamos de PIB para Sermos Felizes?

❝Por muito tempo, parece que abrimos mão de nossa excelência pessoal e dos nossos valores comunitários à mera acumulação de bens materiais. Nosso Produto Interno Bruto agora ultrapassa US$ 800 bilhões por ano, mas esse Produto Interno Bruto — se julgarmos os Estados Unidos por isso — contabiliza a poluição do ar, a publicidade de cigarros e as ambulâncias que limpam nossas rodovias da carnificina.

Contabiliza as fechaduras especiais para nossas portas e as prisões para as pessoas que as arrombam. Contabiliza a destruição de nossas florestas de sequoia e a perda de nossa maravilha natural em nome de uma expansão caótica. Contabiliza as ogivas nucleares e os carros blindados usados pela polícia no combate à baderna em nossas cidades. Contabiliza o rifle de Whitman, a faca de Speck e os programas de televisão que glorificam a violência com o objetivo de vender armas de brinquedo para nossos filhos.

No entanto, o Produto Interno Bruto não contabiliza a saúde de nossos filhos, a qualidade da educação ou a alegria que experimentam quando brincam. Não inclui a beleza de nossa poesia ou a força de nossos casamentos, a inteligência de nosso debate público ou a integridade de nossos funcionários públicos. Não mede nem a nossa inteligência, nem a nossa coragem, nem a nossa sabedoria, nem a nossa aprendizagem, nem a nossa compaixão ou a nossa devoção ao país.

Mede tudo, exceto o que faz a vida valer a pena. E pode nos contar tudo sobre a América, exceto o porquê de termos orgulho de sermos americanos.❞

Robert Kennedy, Discurso na Universidade de Kansas, 18 de março de 1968
(foi assassinado menos de um mês depois de ter pronunciado este discurso)

💰 Referenciais Teóricos da Economia da Felicidade

Richard Easterlin publicou um artigo em 1974 (atualizado em 1995) que foi — e ainda é, como veremos — considerado um desafio a diversos paradigmas bem sedimentados em diversas áreas, entre elas a economia.

Basicamente, Easterlin sustenta que não existe correlação entre o bem-estar subjetivo — ou um índice de felicidade — reportado pelas pessoas e a disponibilidade de bens e serviços contabilizada pelas contas nacionais — PIB ou renda. Em outros termos: a sensação de bem-estar declarada pelos indivíduos em diversas pesquisas de opinião não estaria influenciada pelo seu nível de renda. Esta constatação seria o corolário lógico do simples cruzamento de duas séries de dados: aqueles tocantes à felicidade e os referentes à renda (ou PIB) *per capita*.[1] Nos Gráficos 1.1 e 1.2 reproduzimos as duas séries para dois países desenvolvidos — EUA e Japão. A leitura dos gráficos nos permite concluir que, apesar de o dinamismo da renda pessoal nos últimos quarenta anos, a sensação de bem-estar manifestada pela população permanece constante.

Essa "descoberta", a despeito da aparente simplicidade na sua formulação — um quase rudimentar cruzamento entre duas séries —, tem imensos desdobramentos. Vamos nos deter naqueles que consideramos mais importantes.

💰 O Objetivo da Modernidade em Economia

O propósito permanente, dominante e quase exclusivo de todo governo nas sociedades modernas seria aumentar o PIB *per capita*. Esta é uma meta que perpassa as ideologias, um denominador comum compartilhado por quase todas as opções políticas e ideológicas e praticamente

---

[1] Quando relacionamos bem-estar ou felicidade com PIB, o relevante é o PIB *per capita* de um país e não o PIB total. O exemplo da China é ilustrativo. Esse país é, em termos de PIB total, a segunda economia do mundo. Contudo, quanto à renda *per capita*, a sua situação é próxima à do Brasil. Ambos países integram os denominados países de renda média.

a integralidade das escolas de pensamento.[2] Lembremos que as chances de reeleição de um governo ou a capacidade de influenciar na sucessão nas democracias liberais do Ocidente estão supostamente associadas ao desempenho econômico e este é sinônimo de PIB. Nesse sentido, a frase "é a economia, estúpido" sintetiza a suposta relação umbilical entre a performance na área econômica e o resultado eleitoral.[3]

📊 GRÁFICO 1.1

PIB *per capita* e Índice de Felicidade dos EUA — Base: 1970=100

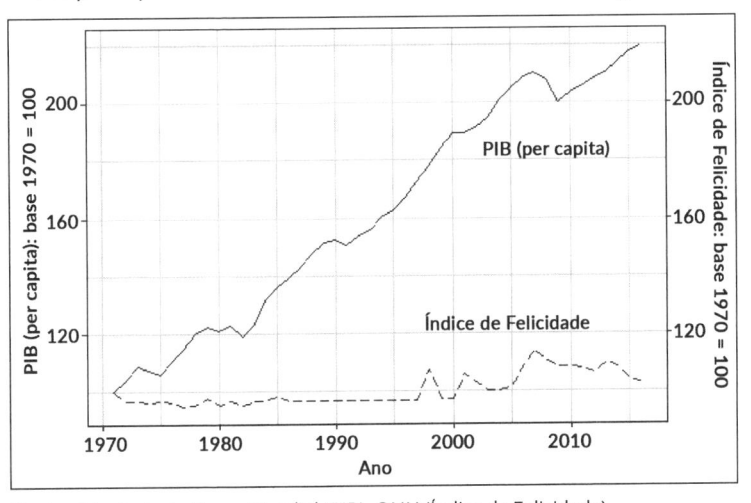

Fonte: Adaptado de Banco Mundial (PIB); ONU (Índice de Felicidade).

---

[2] São poucas as exceções, ainda que com o crescente temor de um colapso ecológico planetário, as alternativas que fogem a esse culto ao crescimento estão surgindo e se consolidando. Por exemplo, as escolas que preconizam o "decrescimento" no lugar do crescimento. Voltaremos a esse aspecto no Capítulo 5.

[3] Esta frase é atribuída a James Carville, assessor da campanha de Bill Clinton na eleição de 1992 para a presidência dos EUA. Não obstante George H. Bush (pai) ser inicialmente o favorito — pelo êxito na primeira Guerra do Golfo e o desmoronamento do bloco soviético —, a deterioração nos indicadores econômicos acabou sendo utilizada pelos estrategistas do democrata para reverter o favoritismo e acabar triunfando.

 **GRÁFICO 1.2**

PIB *per capita* e Índice de Felicidade do Japão — Base: 1970=100

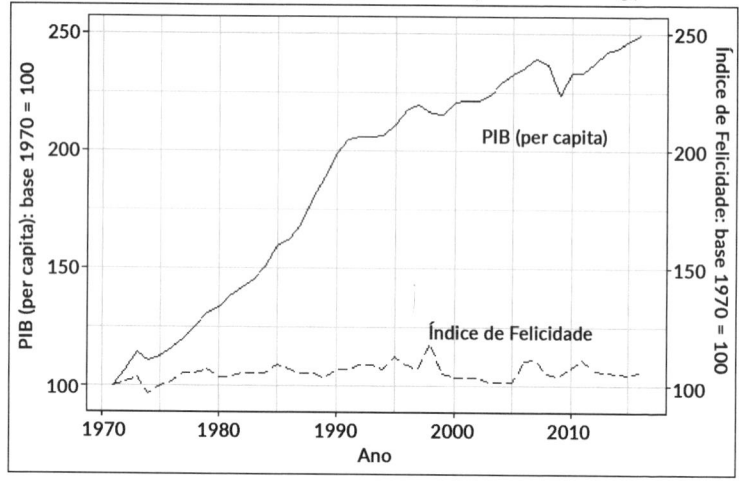

Fonte: Adaptado de Banco Mundial (PIB); ONU (Índice de Felicidade).

Essa suposta primazia do crescimento da economia sobre outros fatores extrapola as contendas eleitorais. Lembremos que tanto a ex-União Soviética como a China Maoista tinham como objetivo, mediante seus planos quinquenais, alcançar e superar os EUA em diversos indicadores econômicos (por exemplo, a produção de aço).[4] Mesmo hoje, nos modernos cursos de crescimento ou desenvolvimento econômico nas universidades, o parâmetro para avaliar a performance econômica de um país é a renda *per capita* dos EUA. Nessa lógica, a "fronteira" a ser alcançada está dada pela situação nos Estados Unidos e a avaliação passa por acompanhar o percentual de renda (sempre *per capita*) de um país com respeito à base (EUA = 100).[5]

Contudo a pergunta natural é: por que essa obsessão por alcançar os EUA se a disponibilidade de bens e serviços que esse país oferece a seus habitantes não parece se traduzir, segundo Easterlin, em um maior nível de satisfação com a vida? Nesse sentido, poderíamos generalizar

---

[4] Nikita Khrouchtchev, na apresentação do plano quinquenal ao XXI Congresso do Partido Comunista (1956), se fixa como objetivo que, ao termo do mesmo (1965), a produção industrial total da União Soviética seja igual à dos EUA e, em 1970, no transcurso do próximo plano quinquenal, a renda *per capita* deveria ser igual à dos EUA.

[5] Ver Madison (2003).

ainda mais. A sociedade "ideal" a ser atingida por todos os países em desenvolvimento seriam as nações desenvolvidas. A esse arquétipo são dedicados a maioria dos esforços de interpretação histórica, de pesquisas e de desenho de políticas. A avaliação das alternativas institucionais e de política (maior participação do Estado na economia ou não, maior investimento em infraestrutura ou educação, maior orçamento dedicado à pesquisa) é feita em função da redução do hiato que nos separa dessas sociedades de elevado nível de renda. Mas, se um maior PIB *per capita* não exprime uma maior satisfação com a vida, por que essa obsessão? Para que tanto esforço dedicado a um objetivo que não necessariamente vai se espelhar em maior realização pessoal? Não seria mais lógico direcionar os esforços de pesquisa à identificação das variáveis suscetíveis de influenciar de forma positiva a nossa autodeclaração de bem-estar?

Observemos o Gráfico 1.3. Nele podemos constatar que a relação entre renda *per capita* e nível de satisfação com a vida não é imediata. O Panamá tem uma renda muito inferior à da França, contudo quando perguntados sobre o nível de bem-estar, os habitantes do país centro-americano se declaram mais satisfeitos com seu cotidiano que aqueles da nação europeia (lembremos esta última como uma das economias mais desenvolvidas do mundo). Portugal é um país que integra a União Europeia, região que baliza fluxos migratórios da África, deslocamentos populacionais extremamente perigosos e que chegam a custar a vida de uma parte não negligenciável dos que tentam ingressar clandestinamente no continente europeu. Contudo, Marrocos, um dos países mais pobres do mundo (renda *per capita* de 3.200 dólares/ano), apresenta um índice de felicidade superior ao de Portugal (renda *per capita* de 22 mil dólares/ano). Esse diferencial alimenta o Paradoxo de Easterlin, uma vez que a existência de países com o mesmo nível de satisfação com a vida e enormes diferenciais de renda pode merecer duas leituras. A primeira é que existem distintas possibilidades de transformar renda em felicidade. Alguns países são mais eficientes que outros e o programa de pesquisa teria de ser direcionado a identificar as raízes dessa diferenciação. A segunda leitura é mais radical e consiste em negar a existência de relação entre renda e bem-estar subjetivo. Em outros termos: se a finalidade dos governos consistisse em elevar a satisfação subjetiva de seus habitantes, o PIB *per capita* de um país não deveria ser a meta a ser almejada.

GRÁFICO 1.3

PIB *per capita* e Índice de Felicidade segundo países

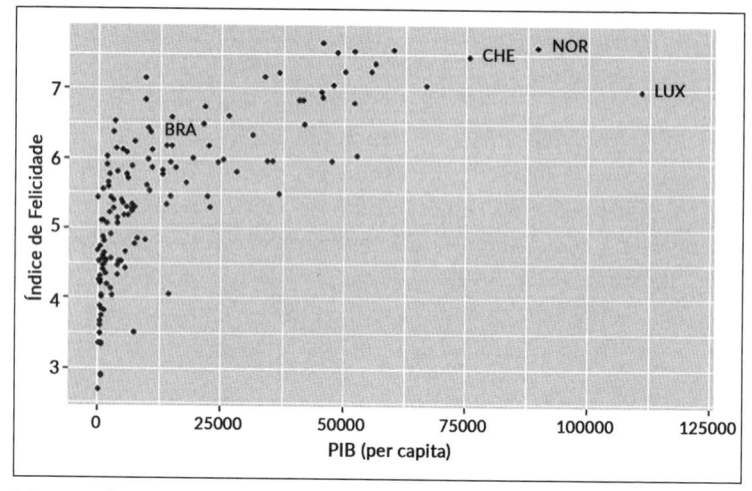

BRA=Brasil; CHE=Suíça; NOR=Noruega; LUX=Luxemburgo
Fonte: Banco Mundial (PIB); ONU (Índice de Felicidade); Elaborado pelo autor.

💰 A Afronta à Economia Convencional

Se consultarmos aleatoriamente algum dos corriqueiros livros-texto que formam (e formaram) gerações de economistas, veremos que o bem-estar individual é denominado utilidade, e a utilidade de um indivíduo depende do consumo de uma cesta de bens.[6] Quanto maior o consumo de um bem, maior será a utilidade do indivíduo.[7] O objetivo do indivíduo consiste, justamente, em maximizar seu bem-estar (a utilidade) mediante o consumo de bens e serviços disponíveis no mercado com a condição de respeitar a sua restrição orçamentária. Toda a construção teórica do modelo padrão em economia parte desse princípio fundamental: agentes maximizando uma função-objetivo, que no caso dos indivíduos ou das

---

[6] Ver, a título de exemplo, Varian (1994), talvez o livro de Microeconomia mais utilizado na graduação dos cursos de economia hoje no Brasil.

[7] Ainda que o acréscimo de utilidade seja decrescente. Em termos mais técnicos, as utilidades marginais são positivas, mas decrescentes e assume-se que a saciedade não é atingida.

famílias consiste na maximização da função de utilidade, através do consumo e respeitando uma ou várias restrições.[8]

Todavia, não é mencionado nos corriqueiros livros-texto que essa abordagem está ancorada nas bases filosóficas que alimentaram a construção da economia como ciência autônoma. Nos primórdios, essa autonomia não existia, não sendo possível diferenciar a economia de reflexões sobre filosofia, ética e moral. Lembremos que Adam Smith (1723-1790), hoje identificado como sendo o "primeiro economista", era mais um filósofo que um economista. Sua obra mais conhecida é *A Riqueza das Nações* (1776), tida como a primeira tentativa de elevar a economia a um status autossuficiente. Porém, o texto de 1776 foi precedido pela *Teoria dos Sentimentos Morais* (1759), título que evidencia as raízes filosóficas do autor. Smith foi um grande amigo de David Hume (1711-1776) e integraram, com Francis Hutchinson (1660-1739) e John Locke (1632-1704), entre outros, uma corrente filosófica tipicamente britânica que nutriu a escola utilitarista. Esse arcabouço teórico teve seu ápice no livro de Jeremy Bentham (1748-1832) *Introduction to the Principles of Morals and Legislation*, de 1789, considerado o mais representativo texto do utilitarismo, tanto em termos filosóficos quanto psicológicos. Segundo Bentham, as sensações de prazer e sofrimento teriam de ser vistas como um princípio moral, a bússola que direciona as ações dos indivíduos. Essa perspectiva era particularmente radical; poderíamos até qualificá-la de fundamentalista, uma vez que, segundo Bentham, as utilidades de cada indivíduo poderiam ser medidas e comparadas às obtidas por outros integrantes da sociedade e agregadas. O *Cálculo Felicífico* seria o saldo que surgiria da agregação da dicotomia felicidade (com sinal positivo)/sofrimento (sinal negativo). Não obstante poder ser associado ao liberalismo radical, no qual a procura da felicidade individual geraria um equilíbrio ótimo quanto ao agregado social, Bentham advoga pelo desenho de instituições que gerem a maior felicidade ao maior número de pessoas, propondo um sistema de incentivos e sanções dentro do qual se operaria a livre procura de cada indivíduo ao seu máximo bem-estar. A relevância do contexto institucional/legal dado por Bentham fica evidente quando observamos que seus escritos também são estudados nos cursos de direito, nos

---

[8] O modelo pode variar segundo o contexto. Por exemplo, podemos estar diante de um modelo no qual a maximização tem algum tipo de horizonte intertemporal (vários períodos no tempo). Contudo, basicamente esse é o princípio geral.

quais ele é visto como um jurista e o *Principles of Morals and Legislation* como um referencial ao código penal. Ou seja, a obra de Bentham tanto pode merecer leituras desde a dimensão filosófica e econômica quanto jurídica.

O utilitarismo *à la* Bentham foi o referencial conceitual do *radicalismo filosófico*, escola de pensamento também britânica que teve entre seus integrantes figuras-chaves do pensamento liberal, como David Ricardo (1772-1823), James Mill (1773-1836), seu filho John Stuart Mill (1806-1873) e Henry Sidgwick (1838-1900). Esse paradigma conceitual foi utilizado para fundamentar princípios incontornáveis do pensamento filosófico, político e econômico de uma certa elite britânica desse período e que podem ser classificados como progressistas para a sua época: voto universal (inclusive o direito ao voto das mulheres) e secreto, educação pública.

O utilitarismo foi uma corrente crucial na fundamentação de uma ética na denominada ciência econômica. Se o hedonismo egoísta de Bentham pode ter merecido fortes críticas em áreas como a sociologia e a psicanálise, na economia seus princípios foram assumidos na sua integralidade, sendo uma das âncoras da moderna teoria econômica. Lembremos que os primeiros economistas (Smith, Ricardo, Marx) tinham uma perspectiva epistemológica que assumia a sociedade ou a totalidade da economia como a unidade elementar de pesquisa. Entre o último quarto do século XIX e as primeiras décadas do século XX um paradigma alternativo rivalizou com o anterior, dando início a um processo que o tornaria hegemônico no decorrer desse século. Esse novo paradigma tem no utilitarismo clássico a sua âncora conceitual e ética.

Esse novo modelo padrão ou hegemônico é conhecido entre os economistas como Modelo Neoclássico. Neste paradigma teórico, a sociedade como unidade elementar de análise é substituída pelos agentes — basicamente consumidores e produtores — e os agregados econômicos no âmbito da sociedade não seriam outra coisa senão a soma das individualidades. Esta abordagem é conhecida como individualismo metodológico. A teoria do valor-trabalho, que era a categoria teórica central em Smith, Ricardo e Marx, é substituída pela teoria subjetiva do valor. A utilidade individual se nutriria do nexo psicológico entre o bem ou serviço a ser potencialmente consumido e o bem-estar obtido pelo indivíduo que concretiza esse consumo. Cada bem ou serviço consumido teria uma determinada capacidade em satisfazer necessidades, gostos ou desejos humanos. Estes últimos seriam exógenos, dados e, nesse sentido, não seriam motivo de pesquisa por parte da economia. Dessa forma, o desafio de um indivíduo — denominado consumidor —, devido a um leque de bens disponíveis no mercado, seria escolher a cesta que maximize a sua utilidade e respeite uma restrição (por exemplo, que respeite a sua renda disponível). Essa forma de assumir o problema econômico (maximizar o bem-estar mediante um consumo que está limitado por restrições) pode ser mais ou menos sofisticado (por exemplo, a utilidade a ser maximizada leva em consideração um dado horizonte de tempo e não exclusivamente o presente, o risco e a incerteza podem ser incorporados no programa de otimização) mas, na sua essência, constitui o núcleo central do modelo standard em economia. Referenciais incontornáveis desta corrente são William Stanley Jevons (1885-1882) e Carl Menger (1835-1882) dois economistas que, no final do século XIX, assentaram as bases do que depois foi denominado de Teoria Subjetiva do Valor.

A procura de bem-estar do agente maximizador (que pode ser um indivíduo, a família, o indivíduo e seus descendentes) está no centro desse corpo analítico e as bases filosóficas dessa construção estão no utilitarismo. O indivíduo ou a família têm um leque de gostos ou, em outros termos, sabem do que gostam ou desgostam e, sabendo-se limitados pelas restrições econômicas (renda, por exemplo) ou legais/institucionais, atuam em consequência. A função de utilidade pode ser mais ou menos sofisticada, contemplar diversas possibilidades (um consumidor com variadas atitudes diante do risco, mais ou menos altruísta no seu posicionamento diante das gerações futuras e seus filhos em particular) mas, voltamos a repetir dada a relevância dessa proposição, o indivíduo/família vincula seu bem-estar à quantidade e qualidade dos bens e serviços consumidos. Não é generoso, mas tampouco invejoso. Assim, estamos com um indivíduo sem contexto, cujos parâmetros de referência são: os preços dos bens, a sua restrição (a sua renda, por exemplo) e os seus gostos. Nessas circunstâncias é operada a maximização de sua utilidade.

Pode parecer uma abordagem sem nenhuma sofisticação em termos psicológicos ou sociais, mas o modelo padrão não tem como vocação explicar as sutilezas da psique humana senão algo muito mais prosaico: o funcionamento dos mercados e a alocação de recursos. Exemplificando, a questão econômica se limitaria a responder às seguintes perguntas: por que se produzem e demandam calças? Por que se produzem mais calças azuis que lilases? Nesse contexto, assumir o ser humano como tendo um objetivo hedonista-utilitarista, com certas restrições a serem respeitadas e que atua em consequência, é a base do *Homo economicus*. Nas palavras de Francis Ysidro Edgeworth (1845-1926), autor com contribuições fundamentais na construção do moderno paradigma, em seu livro *Mathematical Psychics*:

> *The first principle of economics is that every agent is actuated only by self-interest. (Edgeworth, 1881, p. 1)*

A sociedade não seria outra coisa que o resultado (a soma) da interação desses agentes egoístas, interação que se daria no mercado mediante decisões individuais otimizadoras. A procura da felicidade seria, na perspectiva de Bentham, um imperativo moral, sintetizado no seguinte "axioma fundamental":

> *...it is the greatest happiness of the greatest number that is the measure of right and wrong. (Bentham, 1776, p. 227)*

Dessa forma, nutrido no utilitarismo, o paradigma hegemônico em economia adota o individualismo metodológico e um indivíduo hedonista cuja racionalidade e imperativo moral o induzem a procurar o máximo de felicidade por meio do consumo de bens e serviços.

Essa abordagem epistemológica não está isenta de diversos desafios teóricos. Vamos mencionar vários deles e, sem pretender esgotar o tema, apresentaremos algumas das respostas que os economistas têm dado a eles.

A Função de Utilidade ou Felicidade

Como afirmamos, procurar a máxima felicidade mediante o consumo tem sido traduzido, pelos economistas, em uma linguagem matemática que consiste em afirmar que o indivíduo maximiza uma função de utilidade cujo valor depende da quantidade de bens consumidos.[9] Apesar de ser uma proposição simples, implicitamente estamos diante de diversas armadilhas conceituais.

A primeira questão diz respeito à relação entre os bens e o bem-estar. O vínculo surge de aspectos psicológicos ou de variáveis não econômicas. Qual é a satisfação que um indivíduo usufrui no ato de comprar um par de sapatos, por exemplo? De onde surge essa satisfação? Certamente esse vínculo não pode ser uma dimensão a ser explorada pelos economistas. Ou seja, existiria essa relação (consumo⇨felicidade), a mesma seria, para utilizar o jargão dos economistas, exógena, não sendo, assim, objetivo de estudo da disciplina. Colocado desde outra perspectiva. À economia, como ciência, não interessa saber por que um par de sapatos proporciona utilidade. A identificação dos processos mentais mediante os quais o indivíduo transforma o consumo de um bem em utilidade não integraria seu projeto de pesquisa. Em todo caso, caberia à neurociência e/ou à psicologia determinar as relações de causa-efeito entre consumo e felicidade. Em outros termos, se as pessoas consomem sapatos podendo consumir outro bem, significa que os sapatos reportam algum tipo de satisfação, senão não seriam demandados. Nesse sentido, o valor de um produto seria a combinação de sua escassez e a utilidade que esse produto proporciona. Uma pérola negra é um bem com elevado preço dada a sua escassez e o bem-estar subjetivo que a mesma proporciona ao comprador.

Contudo, esse vínculo — consumo de um bem/bem-estar que este proporciona — estaria sujeito a certas singularidades. Uma delas foi pela primeira vez mencionada por Hermann Heinrich Gossen (1810-1858) em um livro originalmente publicado em alemão em 1854 (existe uma tradução em inglês: Gossen, 1983) no qual expõe o que ficou conhecido como A Primeira Lei de Gossen: à medida que consumimos um bem, a utilidade que proporciona uma unidade adicional é decrescente. Denominada de utilidade marginal decrescente pelos economistas, esta proposição faz parte do marco conceitual de absolutamente todos os livros de Microeconomia que formam os futuros economistas em todas as universidades do mun-

---

[9] Na linguagem dos economistas, o processo de maximização está condicionado (maximização restringida), por exemplo, ao salário ou à renda do indivíduo. Ou seja, o agente teria de escolher a cesta de bens que outorga o máximo de felicidade respeitando a restrição (a sua renda).

do. O problema é que a relação marginal decrescente não pretende ser explicada pela ciência econômica. A mesma é colocada como um fato tão óbvio e natural que, não obstante ser crucial na construção de todo o modelo, não requer maiores esclarecimentos. Se não aceitamos a obviedade como princípio que exclui uma fundamentação (perspectiva difícil de anuir para uma disciplina como a economia que pretende ser a "física" das ciências sociais), a justificativa da utilidade marginal decrescente é derivada a outras ciências, como (outra vez!) a psicologia ou a neurociência. Em todo caso, estaria fora do escopo do projeto de pesquisa da economia explicar por que as contribuições marginais para a felicidade de uma pessoa decresceriam à medida que seu consumo aumentasse.

A Métrica da Felicidade

Uma vez assumida a função de utilidade (ou seja, a relação entre o consumo de bens e a felicidade que esse consumo proporciona), fica em aberto a métrica dessa utilidade. Essa métrica é relevante uma vez que, para o utilitarismo clássico, uma sociedade deveria escolher aquela opção que maximiza a soma das utilidades individuais. Se estamos diante de duas alternativas, toda coletividade teria de escolher aquela que, agregando as felicidades de cada indivíduo, gere a maior "quantidade". Mas qual seria a unidade de medida?

Uma alternativa seria determinar a felicidade mediante uma fórmula matemática. A proposta foi sugerida por Bentham e seu "Cálculo Felicífico". Seguindo a mesma perspectiva analítica, os primeiros teóricos que deram forma ao que hoje é assumido como modelo padrão em economia, nos referimos, concretamente, a Alfred Marshall (1842-1924) e Leon Walras (1834-1910), apelaram, na apresentação de seus arcabouços conceituais, a uma utilidade mensurável (unidades de utilidade), que se denomina de utilidade cardinal. Ou seja, a utilidade poderia ser medida da mesma forma que se mede a distância entre dois pontos ou o peso de diversos produtos. Assumir uma hipótese como essa tem diversos desdobramentos. Por exemplo, se posso medir a utilidade do indivíduo A e do indivíduo B, a felicidade da comunidade composta por essas duas pessoas seria a soma dessas duas utilidades individuais. Nessas circunstâncias, o Estado poderia redistribuir os bens consumidos entre os dois indivíduos e calcular a felicidade total. Se a utilidade aumenta, a política seria desejável.

Por outra parte, as funções de utilidade empregadas pelos primeiros teóricos eram aditivas, ou seja, a utilidade total de cada indivíduo seria a soma das utilidades proporcionadas pelos produtos A e B (supondo que o consumo esteja restrito a esses dois bens). Ou, se um indivíduo consome arroz e carne, a utilidade total seria a soma da utilidade proporcionada pelo consumo de arroz mais a utilidade proporcionada pelo consumo de carne. Quando assumimos uma formulação como essa, deixamos de considerar interações entre os consumos de cada bem, característica que fragiliza essa alternativa de abordar a questão.

Essas características das funções de utilidade — geram uma magnitude capaz de ser medida e as utilidades são aditivas — serão paulatinamente mudadas por abordagens mais realistas. Edgeworth, em seu livro de 1881 — *Mathematical Psychics* — abandona a aditividade (o que permite considerar as interações) e Vilfredo Pareto (1848-1923) abandona a cardinalidade da utilidade adotando uma perspectiva ordinal, prisma que prevalecerá daí para a frente. Um olhar ordinal sobre a felicidade sugere que, por exemplo, se temos duas cestas de bens que proporcionam dois diferentes níveis de utilidade, o indivíduo pode ordenar (uma é preferível à outra) mas não outorga valores aos respectivos patamares de bem-estar. Na perspectiva ordinal, se pode estabelecer uma hierarquia entre diferentes estados, mas a ideia da felicidade ser uma variável mensurável é abandonada. Em outras palavras: adota-se uma hierarquia ou prioridades em função de maior, menor ou igual, de preferências entre as situações. Se Edgeworth pode ser mencionado como um pioneiro no moderno tratamento das características das funções de utilidade, certamente foi a Pareto que se atribuiu a incorporação definitiva da utilidade ordinal no arcabouço teórico do atual modelo standard em economia.[10] Percebamos que, ao substituir uma utilidade cardinal por outra ordinal, estamos retirando qualquer polêmica sobre sensações de prazer ou dor e a sua parametrização.

---

[10] Na realidade, Pareto não emprega o termo "utilidade", o substitui por "ofelimidade", que seria a capacidade de um bem ou serviço satisfazer um desejo, contornando, assim, as ambiguidades associadas à subjetividade que o conceito de "utilidade" implicitamente tem.

Assim, não se pretende mais gerar um indicador, um índice, uma vez que não se está entrando no mérito do nível de utilidade que uma cesta de consumo proporciona. Estaríamos, simplesmente, como já afirmamos, hierarquizando as preferências sobre certas combinações de bens.[11]

Se um indivíduo tem como objetivo maximizar uma função de utilidade tendo alguma restrição a enfrentar (a mais comum é a renda), o resultado não pode ser outro que uma alocação ótima do orçamento entre os diferentes bens. Se assumimos o individualismo metodológico como uma forma adequada de compreender fenômenos agregados, a demanda de um bem não será outra coisa que a adição das demandas individuais. Logicamente, a demanda tem uma relação com a utilidade, uma vez que deduzimos a demanda de um indivíduo (e a do mercado) como sendo produto de um processo maximizador da utilidade.[12]

Os Preços podem ser a Manifestação da Utilidade?

Aqui temos um problema metodológico importante. Assumimos que o indivíduo maximiza uma função de utilidade (a função objetivo) sujeito a alguma restrição (renda), mas só temos as variáveis de mercado (preços e quantidades). Podemos estimar a demanda de um bem, mas não podemos testar se esse agregado é o corolário de indivíduos maximizando as suas respectivas utilidades. Os teóricos que dedicam esforços a outorgar robustez analítica ao modelo padrão consagraram muita energia para estabelecer os alicerces que possam relacionar as demandas verificadas em nível de mercado e a teoria da utilidade. Duas possibilidades teóricas estão disponíveis.

A primeira é conhecida como a questão de integrabilidade, esboçada por Giovanni Battista Antonelli (1858-1944), Irving Fisher

---

[11] Existem certos problemas "técnicos" vinculados à função de utilidade quando combinamos as alternativas de medição (cardinal ou ordinal) e a aditividade ou não. Por exemplo, se a função de utilidade é cardinal e aditiva (a contribuição de um bem na utilidade depende, exclusivamente, do consumo desse bem) o modelo exclui a possibilidade de bens inferiores, ou seja, bens cujo consumo cai quando a renda aumenta (carne de segunda, por exemplo). Não abordamos esses aspectos mais "técnicos", uma vez que fugiríamos a nosso objetivo principal.

[12] A demanda de um bem estará em função do preço desse bem, dos preços dos outros bens e da renda. Esses parâmetros estão na restrição que o consumidor enfrenta. Obviamente o resultado também dependerá das preferências, representadas na função de utilidade.

(1867-1947) e V. Pareto e, hoje, uma referência incontornável são Hurwicz e Uzawa (1971). Basicamente, a questão da integrabilidade diz respeito à possibilidade de, a partir de uma função de demanda com certas características, deduzir uma função de utilidade (também com certas características).

A segunda alternativa de percorrer o caminho da demanda à utilidade foi elaborada pela denominada Teoria da Preferência Revelada. A principal contribuição para essa perspectiva foi dada por Paul Samuelson (1915-2009), um dos maiores economistas do século XX e Prêmio Nobel em 1970, em diversos textos (Samuelson, 1938a, 1938b, 1947, 1948). Sinteticamente, a abordagem sugerida pela Teoria da Preferência Relevada procurava inverter a ordem e, no lugar de uma função de utilidade que seria maximizada e dessa racionalidade se deduziria uma função de demanda; essa perspectiva pretende responder à seguinte questão: uma vez que a função de utilidade não pode ser observada, podemos deduzir, a partir do comportamento dos consumidores, as preferências do indivíduo? A demanda observável "revela" preferências? A Teoria da Preferência Revelada, assumindo certos axiomas, identifica esse caminho como possível. Em outros termos, o comportamento revela um processo de maximização de um leque de preferências respeitando uma série de restrições (sendo a renda a mais comum).

Assim, estaríamos diante de um processo de otimização em que o argumento analítico independe de maiores discussões sobre a utilidade dos bens ou dos processos psicológicos que transformam o consumo em bem-estar. A economia teria se afastado de julgamentos morais e de aspectos psicológicos, e seria tanto uma ciência independente da filosofia moral (contrariamente à perspectiva do filósofo moral e fundador da economia moderna, Adam Smith) como de considerações psicológicas sobre os processos mentais dos indivíduos. As preferências dos indivíduos são o que são e não cabe ao economista emitir juízos de valor sobre elas ou pretender explicar os porquês psicológicos de gostos, preferências, atitudes. A partir de um leque de preferências subjetivo e exogenamente dado, o processo de consumo ou a escolha de uma cesta de bens e serviços a ser demandado não seria outra coisa que o resultado de um mecanismo de maximização no qual são articuladas as preferências, os preços e a renda. Não caberia à economia responder por que um indivíduo tem tal leque de preferências e não outro. Basta assumir que o consumidor é racional. Por exemplo, se tenho à minha disposição um sorvete e um refrigerante, os dois apresentam o mesmo preço e a escolha recai sobre o sorvete, logicamente seria porque este último reporta maior utilidade que o refrigerante. O nosso indivíduo/consumidor estaria guiado pelo próprio interesse (hedonista). A escolha seria o resultado de um processo de maximização e sempre mais seria melhor que menos. Logo, são contornadas maiores digressões filosóficas ou psicológicas ou metafísicas sobre a essência das coisas, a sua utilidade intrínseca ou os mecanismos da mente que vinculam o consumo de um bem com o bem-estar. O consumidor seria soberano, autocentrado, hedonista e racional.[13]

Do Indivíduo ao PIB

As considerações que realizamos em parágrafos anteriores dizem respeito a um processo que os economistas denominam microeconômico. O objetivo de estudo seria a demanda, a sua origem. O objeto de estudo seria o "agente" ou a unidade mínima que toma as decisões que, no caso do consumo, seriam o indivíduo ou a família.

Mas, nesse nível, o arcabouço analítico nos permite explicar, por exemplo, por que a demanda de pão cai quando seu preço aumenta, e a partir daí se faz necessário transitar para o agregado. Ou seja, por que o objetivo de todo governo é aumentar o PIB? Por que comparamos o PIB *per capita* de um país com o de outro? Quais são os vínculos entre os supostos da unidade mínima (o agente maximizador, racional, hedonista, que tenta alocar a sua renda entre cestas de consumo de tal forma que a sua utilidade seja máxima) e esses objetivos macroeconômicos?

---

[13] Que o indivíduo seja hedonista e que mais é melhor que menos não é uma hipótese necessária ao modelo padrão em economia. Poderíamos assumir, por exemplo, que o indivíduo é altruísta e a sua utilidade é oriunda de ações que supostamente favoreceriam outros (seja filhos, grupo familiar ou, no limite, os seres humanos em geral). A maioria das hipóteses poderia ser conservada: o processo de maximização, a racionalidade, só que a utilidade não se nutriria do consumo próprio, senão do consumo de outros indivíduos ou das ações que levamos adiante e que favorecem outros (trabalho voluntário, por exemplo). Mas também poderia caber uma perspectiva hedonista nesses supostos processos altruístas. Por exemplo, militar em uma organização que preserva as baleias do Atlântico Sul poderia ser assumida como uma atitude que me proporciona bem-estar. Contudo, esse tipo de comportamento, além de ser marginal, não permitiria explicar os processos econômicos, que seriam o objetivo último da ciência econômica.

Antes de entrar nos detalhes dessa transição micro-macro, vamos nos deter um pouco em dois aspectos do PIB: a sua história e o seu significado.

Uma Brevíssima História do PIB

Para o público leigo, que acompanha o dia a dia pelos jornais (e mesmo para não poucos estudantes de economia), o PIB parece um indicador tão crucial e "natural" que a sua existência poderia ser identificada com a própria civilização. Os economistas clássicos supunham que o objetivo da ciência econômica seria estudar as leis que regem a distribuição de renda.[14] Esses primeiros teóricos estavam concentrados na distribuição do produto e seus argumentos discorriam sobre valores, preços, riqueza, mas se mostravam pouco preocupados com os indicadores que manifestassem esses conceitos. Se hoje nos é difícil dissociar economia de séries estatísticas em geral, de índices agregados (produção, consumo, emprego, inflação), a articulação entre essas duas ciências — economia e estatística — é relativamente recente e se remonta às primeiras décadas do século XX. As tentativas da construção e utilização de agregados estatísticos eram usuais em áreas como agricultura, demografia, saúde, no entanto em economia o casamento foi tardio.

O apelo à utilização de estatísticas em economia, especialmente no tocante à renda e à sua distribuição, parece ter nascido e se alimentado por crises e problemas sociais. No transcurso do século XIX e começo do XX, nos EUA aparecem três obras que são tidas como os primeiros ensaios no longo caminho que visava a disponibilização de séries de renda. George Tucker (*Progress of the United States in Population and Wealth in Fifty Years*), em 1843, Charles B. Spahr (*An Essay of the Present Distribution of Wealth in the United States*), em 1896, e Willford I. King (*The Wealth and the Income of the People of the United States*), em 1915, parecem ter sido os pioneiros nessa empreitada. George Trucker foi um acadêmico que rea-

---

[14] Talvez Ricardo tenha sido o mais explícito nesse sentido. No Prefácio da primeira edição de seu livro *Princípios de Economia Política e Tributação*, ele afirma: "Determinar as leis que regulam a distribuição é a principal questão da Economia Política" (Ricardo, 1817, p. 39). Em uma carta a Malthus (9/10/1820), Ricardo é mais terminante ainda: "A Economia Política é para você uma enquete sobre a natureza e as causas da riqueza. Eu considero, diferentemente, que ela deve ser definida como uma enquete a respeito da distribuição do produto entre classes que concorrem para a sua formação. A cada dia fico mais convencido que o primeiro estudo é vão e decepcionante e que o segundo constitui o próprio objeto da ciência" (Caporali, 1995, p. 129).

lizou as suas estimativas, na Universidade da Virgínia, a partir dos censos decenais entre 1790 e 1840. Charles B. Spahr foi um ativista social mais preocupado com aspectos distributivos que em considerações metodológicas e estatísticas para quantificar o fluxo de renda. Assim como Spahr, Willford I. King teve como a sua preocupação principal o perfil distributivo da renda e riqueza. Contudo as suas inquietudes éticas sobre aspectos distributivos foram acompanhadas por um desempenho profissional que o levou a transitar da estatística (iniciou a sua vida profissional na área da saúde) para a economia e a área acadêmica (integrou os quadros do NBER — National Berau of Economic Research e da New York University). Em 1921, o NBER publicou uma obra hoje clássica: *Income in the United States: Its Amount and Distribution, 1909-1919*. Na Rússia, Inglaterra, Alemanha, entre outros países, diversos estatísticos e economistas tiveram iniciativas semelhantes, em todos os casos tentando estimar algum tipo de indicador do fluxo de renda.[15]

Essas iniciativas esparsas, e sem que instituições estatais e independentes gerassem séries de forma corriqueira para balizar políticas públicas, se tornaram uma questão maior na crise dos anos 1930.[16] Assim, não é de estranhar que apenas nessa década as demandas, especialmente as procedentes das instâncias políticas, por séries estatísticas que quantificassem os fluxos de renda se generalizassem. Nesse sentido, Simon Kuznets (1901-1985), Prêmio Nobel em 1971, é tido como o grande pioneiro da moderna contabilidade nacional.[17] Devido a uma demanda do Senado dos EUA em 1932, Kuznets e sua equipe apresentaram o trabalho denominado "Renda Nacional 1929-1932", em janeiro de 1934. Essa necessidade de calcular o PIB ou nível de renda de um país foi um corolário quase na-

---

[15] O leitor interessado em maiores detalhes pode consultar o texto clássico de Studenski (1958).

[16] Lembremos que o NBER não é uma instituição estatal, senão uma organização privada sem fins lucrativos.

[17] Kuznets, economista e estatístico, realizou contribuições em diversas áreas e o Prêmio Nobel de 1971 não foi atribuído pelos seus subsídios à construção de séries de renda dos EUA. Tanto esse galardão como a sua fama nos cursos de economia se deve à denominada "Curva de Kuznets". Esta estabelece uma relação entre o grau de concentração de renda e o estágio de desenvolvimento de um país, sendo o formato uma curva em U invertida: países muito pobres teriam uma reduzida concentração de renda que se elevaria à medida que o PIB *per capita* aumentasse, chegando ao ápice nos estágios médios de desenvolvimento e caindo posteriormente, conforme o país adquirisse o status de desenvolvido. Essa correlação estava bem sedimentada na literatura, mas começou a ser questionada em anos recentes. Kuznets, nascido na Ucrânia, emigrou aos EUA em

tural da crise das primeiras décadas do século XX e da conseguinte inevitabilidade dos governos contarem com bases de dados que possibilitaram diagnosticar e subsidiar a formatação de políticas.

A partir desse contexto bem específico, a produção de estatísticas do PIB se disseminou. Em 1947, sob a direção do economista inglês Richard Stone, a Liga das Nações publicou um informe salientando a necessidade da produção de estatísticas de renda sob normas estandardizadas. Já em 1954 quase todos os países não comunistas aderiram a metodologias sugeridas pelas Nações Unidas, instituição que iniciou a harmonização das formas de contabilidade, tarefa que prossegue até hoje sob a denominação (em inglês) de SNA (*System of National Accounts* — Sistema de Contas Nacionais). Depois do colapso da União Soviética em 1989, a quase totalidade dos países aderiu às normas sugeridas pelas Nações Unidas.[18]

Depois dessa disseminação das estatísticas de PIB, este parâmetro se transfigurou no principal indicador "síntese" sobre o desempenho da economia e, em geral, do bem-estar social de um país. Uma elevada taxa de crescimento do PIB parece sintetizar um "bom" desempenho de um governo e, nesse sentido, é procurado pelo sistema político. Na medida em que PIB é sinônimo de bem-estar, maior PIB *per capita* é sinônimo de maior bem-estar. Se o PIB crescesse, estaria aumentando o bem-estar, seria um "progresso" e, nas comparações internacionais, os países são ranqueados segundo seu PIB *per capita*. Uma vez que esse parâmetro fosse assumido como um *indicador* do grau de bem-estar ou felicidade de um povo, as nações com maior PIB *per capita* seriam a meta a ser perseguida pelos governos. Aqui nos reencontramos, em nível agregado, com o "mantra" mais é melhor que menos.

Mas a pergunta óbvia é: por que o bem-estar estaria dado pelo PIB? Temos de procurar a resposta nas considerações sobre a utilidade que apresentamos nas seções anteriores. Vejamos com mais detalhe esses nexos.

---

decorrência da guerra civil que seguiu à Revolução Russa. Paradoxalmente, seus primeiros passos na produção de estatísticas foram dados com assalariado dos sindicatos na União Soviética.

[18] A União Soviética e seus satélites seguiam metodologias próprias.

Felicidade e PIB: justificativas das supostas conexões

O PIB, teoricamente, contabiliza todos os bens e serviços que são produzidos em um determinado período de tempo por uma economia. Carros, computadores, milho, filmes entrariam nessa contabilidade. Obviamente, agregar a heterogeneidade de bens que compõem uma economia (especialmente uma economia moderna) supõe certa unidade de medida. Carece de sentido somar um trator com um computador. Para que a sua soma faça sentido, se faz necessário uma unidade de medida que possibilite essa agregação e essa unidade de medida são os preços ou o valor monetário de mercado desses bens. Mas se o PIB aufere o valor (em realidade o valor agregado, uma vez que são descontados os insumos) temos que transpor um passo para associar esse valor à utilidade ou bem-estar.

Esse passo é transposto mediante o arcabouço teórico de utilidade que sintetizamos nas seções anteriores. O que um consumidor está disposto a pagar por um bem ou serviço deve guardar algum tipo de relação com a utilidade que esse bem ou serviço lhe proporciona. Se o consumidor é um maximizador de sua utilidade e assumindo a racionalidade do mesmo, o preço que um indivíduo está disposto a pagar por um bem pode ser tido como uma boa aproximação da utilidade que esse bem está lhe proporcionando. Assim, o preço vezes a quantidade consumida será a utilidade total que o consumidor obteve do gasto concretizado.[19] Dessa forma, a soma dos bens e serviços produzidos em um determinado período ponderados pelos preços de mercado podem ser assumidos como sendo uma boa aproximação à utilidade obtida por uma população em uma dada unidade de tempo.

Dadas essas premissas, se uma sociedade ou governo tem como objetivo realizar o máximo PIB possível ou almeja as suas maiores taxas de crescimento, essa estratégia poderia ser associada a um alvo

---

[19] Na realidade, para o modelo padrão, esse cálculo (quantidade vezes preço) subestima a utilidade total obtida pelo consumidor. A diferença está no que se denomina de excedente do consumidor ou utilidade não paga. Sinteticamente, o raciocínio é o seguinte: a utilidade vai caindo à medida que um indivíduo consome uma unidade a mais de um bem (utilidade marginal decrescente). Contudo, o preço de mercado é um só. Suponhamos que um indivíduo consuma duas maçãs; a utilidade da primeira seria superior à proporcionada pela segunda, só que as maçãs só têm um preço no mercado. Porém, a utilidade fornecida pela última maçã deve corresponder ao preço

justificável, na medida em que essa finalidade seria sinônimo de atingir a maior utilidade ou bem-estar. Em outros termos, se a utilidade, bem-estar ou felicidade é quantificada, em termos monetários, pelo PIB, a meta de toda sociedade não poderia ser outra coisa senão maximizar o produto.

Contudo, se o PIB está umbilicalmente vinculado a utilidade/bem-estar/felicidade, como se explica o Paradoxo de Easterlin? Como se explica a dissociação entre a evolução do PIB e a trajetória do índice de felicidade reportado pelas pesquisas? Fica claro, agora, que explicar esse paradoxo não é uma questão menor, um detalhe, uma vez que essa dissociação pode ser interpretada como uma afronta a todo o modelo padrão e, consequentemente, aos objetivos que todo governo contemporâneo se impõe: aumentar o PIB, atingir as maiores taxas de crescimento possível do produto. Se o PIB não está correlacionado com utilidade/bem-estar/felicidade, isso significa que o consumo de bens e serviços não necessariamente proporciona bem-estar? Temos uma dissociação entre consumo e utilidade? Que variáveis determinam a felicidade? O modelo econômico standard é pertinente? Os vínculos entre o modelo padrão em economia e os indicadores de bem-estar seriam mais frágeis que o comumente suposto? Qual é o indicador a ser considerado no lugar do PIB?

Antes de nos debruçarmos na resposta a essas perguntas (que serão o tema central nos próximos capítulos), vamos nos deter nas fragilidades do PIB como indicador síntese. Podemos colocar a questão da seguinte forma: será que o PIB realmente mede o que pretende medir?

💰 Limitações e Fragilidades do PIB como Indicador Síntese

Temos de perceber que uma possível resposta à falta de relação encontrada por Easterlin pode estar alimentada por problemas associados à unidade de medida (o PIB) e não porque o consumo/renda

---

pago e, como a primeira maçã proporcionou uma utilidade superior à da segunda, estamos diante de uma utilidade não paga, que é o excedente do consumidor.

não resulta em felicidade ou os indivíduos não são maximizadores racionais de seu bem-estar. Isto é, existe a possibilidade de o PIB não ser um indicador que refletiria adequadamente (não seria uma boa aproximação) o bem-estar de uma sociedade? A resposta é positiva. Ou seja, o PIB, hoje o parâmetro que monopoliza as atenções das sociedades como critério de bem-estar, possui uma série de limitações que são consensuais, mesmo entre aqueles que o utilizam para balizar avaliações. Nos próximos parágrafos, sem pretender esgotar o tema, vamos nos deter aos aspectos que consideramos mais relevantes para nossa posterior reflexão sobre os vínculos entre economia e felicidade.

O PIB Indicador Exclusivo da Economia Mercantil

Já mencionamos que os bens e serviços produzidos deveriam ser mensurados pelos seus respectivos preços de mercado, uma vez que o preço é o nexo entre o bem ou serviço e a quantificação da utilidade que o mesmo proporciona ao consumidor. Essa lógica, porém, limita a contabilidade dos bens e serviços oferecidos ao segmento mercantil de toda atividade.[20] Nesse sentido, toda atividade realizada no âmbito doméstico ou de tarefas benevolentes estão fora dessa agregação, não é aferida ou contabilizada, não obstante proporcionar bem-estar. Existe um exemplo clássico que ilustra esse contrassenso: suponhamos duas famílias nas quais, em cada uma delas, um de seus membros se dedica às atividades domésticas (limpar a casa e cozinhar, por exemplo). Essas atividades, não sendo mercantis, não são contabilizadas no cálculo do PIB. Assumamos que essas pessoas passem a oferecer esse serviço no mercado e cada uma das duas famílias contrata os serviços do indivíduo que as realizava em outro lar. À medida que "mercantilizaram" os serviços, o PIB vai aumen-

---

[20] Parte das atividades não mercantis está hoje contabilizada como produto de mudanças metodológicas introduzidas nos anos 1970. Estamo-nos referindo às atividades como educação, saúde, justiça desenvolvidas no âmbito do Estado. Não são mercantis mas são contabilizadas uma vez que essa incorporação é possível uma vez que são realizados pagamentos de salários. As atividades domésticas, ao estarem totalmente à margem de qualquer fluxo mercantil, a contabilização é mais difícil, não obstante esforços de certas instituições produtoras de estatísticas, como o INSEE (Instituto Nacional de Estatísticas e Estudos Econômicos), da França. Ver www.insee.fr/fr/metadonnees/definition/c1954.

tar, apesar de não existirem motivos para acreditar que o bem-estar dessa sociedade tenha se elevado.[21]

Externalidades

Outro aspecto que parece similar ao anterior (não obstante ser conceitualmente diferente) é denominado pelos economistas como externalidades. Esse conceito diz respeito a custos ou benefícios que por algum motivo não têm preço nem mercado, embora sejam um subproduto de atividades mercantis e afetem o bem-estar dos indivíduos. O caso mais emblemático talvez seja a poluição do ar nas grandes cidades: os automobilistas pagam pelo carro, pela gasolina, etc, mas como subproduto de seus deslocamentos geram poluição, um resultado que afeta o bem-estar e a saúde dos habitantes. Essas dimensões, ao não terem mercados nem preços, não são contabilizados. Nesse sentido, a referência talvez mais ilustrativa seja a China hoje. O ar quase irrespirável nas suas grandes aglomerações urbanas tem enormes custos com relação a saúde da população e bem-estar, não sendo deduzido do PIB. Assim, quando tomamos o PIB como indicador da felicidade ou utilidade da China hoje, com certeza estamos sobre-estimando o impacto que o crescimento tem sobre o bem-estar.

Logicamente, as externalidades podem ser tanto positivas quanto negativas. Muitas atividades geram benefícios que não têm mercado, não têm preço, e portanto não são levados em consideração na contabilidade do PIB. A mais recorrentemente mencionada é a educação. Uma força de trabalho com mais anos de estudo tem maior produtividade e também outros benefícios que não têm mercado (possibilidade de aceder a bens culturais mais sofisticados, perspectiva de maior participação na vida pública).

As externalidades são um aspecto ordinariamente mencionado em qualquer livro-texto de economia e, nesse sentido, existe tan-

---

[21] Existem exercícios estatísticos que agregam ao PIB tradicional (PIB mercantil) o trabalho doméstico. Segundo essas estimativas, o PIB total (PIB mercantil + atividades domésticas) se elevaria entre um terço e três quartos quando a base de comparação é o PIB calculado corriqueiramente. Ver, por exemplo, Chadeau e Fouquet (1981). Logicamente, esse aumento dependerá de cada sociedade em cada momento do tempo. Em sociedades tradicionais/agrícolas, nas quais o trabalho doméstico tem mais relevância, esse acréscimo será maior que em sociedades urbanas/modernas.

to consenso analítico como consciência de sua relevância. Quanto à política pública, maior eficiência e maior bem-estar poderiam ser atingidos mediante a "internalização" das externalidades. Por exemplo, as pessoas que se deslocam em veículos individuais deveriam pagar pela poluição que provocam ou, alternativamente, o poder público poderia subsidiar o transporte público. As formas de "internalizar" uma "externalidade" são diversas, cada uma com seus custos e vantagens. Detalhar e avaliar essas distintas possibilidades foge aos nossos objetivos, mas o aspecto que merece ser retido diz respeito às limitações do PIB como indicador síntese de todos os benefícios e custos das atividades humanas. A existência de externalidades (sejam elas positivas ou negativas) gera um hiato entre o PIB e os reais custos e benefícios de uma dada oferta de bens e serviços. Em termos teóricos, internalizar uma externalidade é a sugestão. Na prática, essa internalização enfrenta inúmeros problemas, sendo as dificuldades em reduzir as emissões de dióxido de carbono, principal fonte da mudança climática, uma ilustração.

Atividades Mercantis de Benefício Duvidoso

Existe uma ampla gama de atividades pelas quais é pago um salário, aloca-se capital e recursos naturais, mas os resultados relacionados ao bem-estar da população são duvidosos, apesar de serem contabilizados no PIB. Suponhamos uma sociedade com um elevado grau de violência que obriga o Estado ou os particulares a alocar elevados recursos para segurança. O valor agregado nessas tarefas será contabilizado como PIB e, se o bem-estar fosse medido pelo PIB *per capita*, esse país teria um nível de vida similar a outro que, com menos violência, aloca esses recursos (mão de obra, capital e recursos naturais) à construção de habitações, por exemplo. Poderíamos apresentar as mesmas considerações no tocante aos gastos militares; em certos casos esse paradoxo é ainda maior. Por exemplo, a indústria do tabaco, como qualquer outra indústria, agrega valor e incrementa o PIB. O hábito de fumar, entretanto traz prejuízos à saúde que requerem cuidados médicos que são contabilizados no PIB. Assim, no caso de a sociedade hipoteticamente superar o vício do tabaco e alocar os recursos, como atividades culturais, se o bem-estar é vinculado ao PIB *per capita*, as duas situações serão similares.

Composição do PIB

A noção que o PIB determina à felicidade, como já afirmamos, tem implícito o suposto que a utilidade está em função do consumo de bens e serviços. Como o PIB contabiliza a produção de bens e serviços em um determinado período de tempo, o nexo entre PIB e felicidade seria direto.

Fora aspectos que mencionamos nos parágrafos anteriores (gastos militares, por exemplo), nem todos os bens produzidos mercantilmente são consumidos. O consumo é um dos possíveis destinos do PIB, mas não o único. O investimento, por exemplo, pode ser outro componente. Investimento é um "não consumo" ou uma poupança.[22] Em princípio, o investimento amplia a futura capacidade de consumo. Ou, desde outra perspectiva, poupamos hoje para consumir amanhã.

Contudo este fato pode alterar a relação PIB/Felicidade de forma radical. Imaginemos duas sociedades com o mesmo PIB *per capita*, uma consome muito (poupa pouco) e a outra, ao contrário. Se o consumo determina o bem-estar, as pesquisas sobre a felicidade terão resultados bem diferentes nos dois países. Tomemos o caso, bem ilustrativo, do Brasil e da China. Sobre o PIB *per capita,* os dois países são bem próximos. Contudo, o nível de poupança do Brasil está em torno de 18% e a China poupa 47%.[23] Assim o patamar de consumo de ambas as sociedades é bem diferente, embora tenham PIB *per capita* próximo.

Logicamente, as considerações que levantamos nos parágrafos anteriores podem ser submetidas a diferentes graus de sofisticação. Por exemplo, seria possível argumentar que a poupança pode ser assemelhada a um "bem", e portanto contribuir com a felicidade de um indivíduo ou família. Colocado de outra forma: os indivíduos ou famílias escolhem poupar, e ao ser uma opção escolhida livremente, pode aportar tanto bem-estar quanto o consumo de um bem ou serviço. Nas democracias e quando as decisões são centra-

---

[22] Estamos apresentando nossa argumentação em termos muito gerais e o mesmo pode ter certas nuances. Por exemplo, o investimento pode ser financiado por poupança externa.
Nesse caso o investimento não seria idêntico ao "não consumo". Contudo, essas nuances não comprometem o argumento que estamos apresentando.

[23] Ano 2016 para ambos os países. Fonte: Banco Mundial.

lizadas no indivíduo/família, esse pressuposto pode ser plausível. Contudo nem sempre é o caso. O exemplo mais ilustrativo é o enorme esforço de poupança/investimento na ex-União Soviética sob o regime stalinista, que explicitamente sacrificou uma geração em prol da industrialização. Nesses casos, o caráter autoritário da poupança inibe a sua identificação com uma opção escolhida de forma soberana pelo indivíduo ou a família.

Por outra parte, a poupança/investimento pode ser indutora de felicidade se a mesma acelerar o crescimento. Ou seja, se o não consumo, hoje, eleva o patamar de consumo futuro (ou mesmo as perspectivas de consumo futuro), pode indiretamente contribuir com a felicidade de hoje. Veremos no próximo capítulo que uma das variáveis determinantes dos indicadores de felicidade não é tanto o presente como as representações do futuro. Nesse sentido, os custos com bem-estar, hoje, do não consumo podem ser compensados pelas esperanças de retornos superiores no futuro (seja para os indivíduos como para as próximas gerações).

Distribuição do PIB

Os aspectos distributivos podem afetar o bem-estar dos habitantes de diferentes e complexas formas.[24] Uma forma popular de associar bem-estar à distribuição de renda consiste em estabelecer uma relação negativa entre ambas: dado um nível de produto, quanto maior for a concentração de renda, menor será o índice de felicidade declarado pelos habitantes de um país. Contudo, essa relação simples e direta, não obstante a sua popularidade, não parece a mais robusta analiticamente. Por exemplo, histórias culturais podem levar a maior ou menor valorização da igualdade (a situação de um próximo pode alterar meu bem-estar de maneira mais ou menos intensa). Existem fortes argumentos analíticos e empíricos que apontam o contrário: o grau de felicidade de um indivíduo depende da distância entre a sua renda e a situação do entorno próximo (vizinhos, parentes, ambiente de trabalho) e quanto maior essa distância, maior o grau de felicidade. Analisaremos esse aspecto no próximo capí-

---

[24] Nesse sentido, Kuznets, ao elaborar o informe ao Senado dos EUA em 1934 com as primeiras estimações do PIB, alertava: "Economic welfare cannot be adequately measured unless the personal distribution of income is known" (Senat, 1934, p. 6).

tulo, mas essa associação está bem sedimentada na literatura sobre o tema. Logicamente a mesma, como acabamos de salientar, pode estar mediada por histórias culturais de cada povo e idiossincrasias altruístas podem amenizá-la.

Por outro lado, não é incomum confundir distribuição de renda com a condição de pobreza e, nesse sentido, atribuir a pobreza a fatores que fazem parte da esfera da distribuição. Nesse sentido, a trajetória da China nos últimos trinta anos ilustra as nuances que podem ter as inter-relações entre distribuição e pobreza. Esse país logrou elevar o PIB *per capita* de forma substancial, reduziu a pobreza, mas a concentração de renda aumentou. Qual é o balanço dessas trajetórias nos indicadores de felicidade? Em termos teóricos o balanço será indefinido, uma vez que o mesmo será resultado de diferentes respostas a dimensões particulares.[25]

O modelo econômico padrão, tentando aproximar-se da neutralidade científica das denominadas ciências duras, como a física, contorna esse problema mediante o que se conhece como Ótimo de Pareto, conceito atribuído a Vilfredo Pareto.[26] Segundo esse conceito, a ciência econômica não pode se pronunciar sobre uma alteração na situação na qual alguém perde e outro ganha. Uma situação é preferível à outra quando alguém ganha mas ninguém perde. Seguindo esse princípio, a transferência de renda de uma pessoa rica para uma pobre não pode ser avaliada, já que, por um lado, se perderá bem-estar (do indivíduo rico) a favor de outro (indivíduo pobre). Visto que o bem estar ganho e perdido são subjetivos e não temos como atribuir valor aos mesmos, a ciência econômica não teria como avaliar essa transferência. Desde esse prisma, o impacto da distribuição de renda sobre o bem-estar é indefinido. Tomemos o seguinte exemplo: assumamos que a sociedade é composta por dois indivíduos, um com um rendimento de 100 e o outro com nível de renda de 10. Nessa situação hipotética, o PIB total seria 110 e o PIB *per capita* de 55. Em um momento posterior, o indivíduo com rendimento de 100 passa a obter 110 e não é alterada a situação do outro. O PIB total aumentou (passou para 120) e o PIB *per capita*

---

[25] Esse balanço é ainda mais incerto quando levamos em consideração as externalidades; por exemplo, a poluição do ar nas grandes aglomerações urbanas chinesas.

[26] Cientista social mencionado na página 19.

também se elevou (agora é de 60). Se o PIB *per capita* é um indicador de felicidade, a sociedade está melhor no segundo momento que no primeiro. De acordo com Pareto, a sociedade também fez um progresso: alguém está melhor (o indivíduo com maior rendimento) sem que ninguém tenha sido penalizado. Mas será que a felicidade que é reportada pelos indivíduos também aumentou? Não podemos saber. A priori, nada podemos predizer. O cidadão com menor rendimento, ao perceber o alongamento na distância entre as rendas, pode avaliar que a sua situação deteriorou, embora o seu poder de compra tenha permanecido constante. Nesse caso, a sua felicidade está influenciada pelo rendimento relativo e não o absoluto. Se, contrariamente, é o rendimento absoluto o determinante das felicidades dos dois indivíduos, a sociedade, com certeza, terá tido um ganho.

Concluímos, assim, que os nexos entre distribuição de renda e o bem-estar reportado pelos indivíduos podem ser tortuosos e, justamente, essa sinuosidade, se por um lado pode causar incômodo, em termos analíticos pode também, como veremos no próximo capítulo, abrir um flanco para tentar compreender o Paradoxo de Easterlin, uma vez que, para a economia da felicidade, toda a sua construção teórica terá como ideia central a relevância das rendas relativas e não absolutas. Mas deixemos esse ponto para o Capítulo 2.

Uma Possibilidade: "Corrigir o PIB"

Se o PIB como métrica monetária para nos aproximar do bem-estar de uma população incorre em diversas fragilidades, uma alternativa seria "corrigir" esse indicador, de forma a incorporar outras dimensões (trabalho doméstico, trabalho comunitário), descontar custos não contabilizados (poluição, por exemplo). Ou seja, "calcular" um novo PIB e não assumir uma posição radical e descartar essa estatística na sua totalidade.

Só para citar um exemplo relativamente popular na literatura, podemos mencionar a Nordhaus e Tobin (1973), autores que tentaram "corrigir" o PIB e construir um indicador de bem-estar social (MEW — *Mesure of Economic Welfare*, em inglês) em que de certos tipos de consumo ou investimento que agregariam bem-estar (que podem ser não mercantis, como o lazer ou o trabalho voluntário) têm de ser deduzidos outros que, mesmo sendo contabilizados no PIB, não agregariam utilidade à população (defesa nacional, diplomacia).

Em anos mais recentes, questões como o consumo de recursos naturais e a poluição tornaram mais populares as tentativas de "corrigir" o PIB tradicional gerando um indicador mais complexo, que leve em consideração a denominada "pegada ecológica" ou, em geral, agregar algum tipo de parâmetro que internalize custos que as gerações futuras poderão ter de enfrentar pelo consumo hoje. O desafio não é simples. Por exemplo, a definição de sustentabilidade não é trivial quando se pretende torná-la operacional. Podemos ilustrar essa dificuldade. Uma forma de tratar a sustentabilidade consiste em ver em que medida o consumo presente é compatível com, no mínimo, o mesmo patamar de consumo *per capita* das gerações futuras. O consumo de recursos naturais (em especial os não renováveis) é particularmente sensível a essa questão. Todavia, o desenvolvimento tecnológico hoje pode ampliar a fronteira de possibilidades de bem-estar no futuro. Em outros termos: o desenvolvimento tecnológico pode não unicamente estar beneficiando a população hoje, mas também regalias para as gerações futuras. Dessa forma, penalizar (contabilizar como custo) o consumo hoje em função da solidariedade com as gerações futuras pode ser uma quimera, uma vez que não sabemos o leque de possibilidades que o desenvolvimento tecnológico nos brindará amanhã.

Nesse sentido, como afirmou Samuelson (1961), o bem-estar de uma população, em um momento do tempo, não estaria dado pela renda (PIB), mesmo que esta tenha sido "corrigida", mas sim pela "riqueza". Lembremos que PIB (renda) é um fluxo (por exemplo, qual é o montante de salários recebidos por um indivíduo no transcurso do ano) sendo a riqueza um estoque que depende do fluxo, mas também do acumulado por ele no transcurso da sua vida, da herança deixada pelos seus antepassados). Trabalhos empíricos nesse sentido parecem indicar que a riqueza (estoque) é extremamente relevante na sensação de bem-estar das populações (Headey; Wooden, 2004).

Podemos concluir que a possibilidade de "corrigir" o PIB pode ser uma esperança plausível em termos analíticos, mas de difícil operacionalização. Valorar os custos da poluição, a destruição das paisagens naturais herdadas de nossos antepassados, o consumo de recursos naturais não renováveis não é uma tarefa trivial. Pode ser factível quando se pretende avaliar socialmente um projeto (a duplicação de uma estrada, por exemplo), mas quando o objetivo é alterar a métrica monetária pela qual é contabilizado o bem-estar de um país (o PIB), o objetivo pode não ser concretizado. Essa restrição é ainda maior quando lembramos que o indicador a ser construído deve ser comparável no tempo e entre países. Se pretendemos construir séries históricas, qual será o valor monetário que outorgamos, hoje, à destruição das paisagens naturais décadas atrás? Devemos computar o valor que estamos dispostos a pagar hoje ou o valor que as gerações passadas estavam dispostas a pagar? "Corrigir" o PIB não é uma tarefa que carrega tantas polêmicas como o parâmetro que se pretende "corrigir".

À Procura de Novos Indicadores[27]

Seja pela suposta incongruência levantada por Easterlin, seja pela multiplicidade de fatores que, além da renda, influenciam o bem-estar e não fazem parte da contabilidade nacional dos países (poluição, violência, distribuição, deterioração dos entornos naturais), no transcurso da segunda metade do século passado os economistas e estatísticos começaram a empenhar-se na construção de indicadores que tivessem maior aderência com o bem-estar cotidiano das pessoas. Se podemos dizer que esse incômodo conceitual com o PIB pode ter se nutrido com a modernização, a urbanização e o aumento da renda dos países, fenômenos particularmente pronunciados nas economias centrais posteriores à Segunda Guerra Mundial, não podemos esquecer que Kuznets, considerado um pioneiro na construção das bases de dados de produto e renda, já alertava as imperfeições desse tipo de estatística para aproximar o bem-estar das populações. No informe que enviou ao Congresso dos EUA em 1934 com as primeiras séries sobre renda desse país, Kuznets escreveu:

---

[27] Voltaremos sobre esses "concorrentes" do PIB e a plausibilidade de serem adotados como balizadores de política pública no Capítulo 5.

> *The welfare of a nation can scarcely be inferred from a measurement of national income...* [28] (Senat, 1934, p. 7)

Antes da década de 1990, as insatisfações com o PIB como métrica monetária síntese do bem-estar de um país eram dispersos, mas existentes. Lembremos que, como já mencionamos, Nordhaus e Tobin (1973) nos anos 1970 propuseram a construção de uma medida síntese de bem-estar social, o MEW — Mesure of Economic Welfares.

Mas certamente um divisor de águas na popularização de indicadores síntese de bem-estar social foi a criação, pelo Programa das Nações Unidas para o Desenvolvimento (PNUD), em 1990, do Índice de Desenvolvimento Humano (IDH). Sua aceitação foi alimentada por três fatores. O primeiro diz respeito à tentativa de construir um indicador de bem-estar que superasse a métrica monetária utilizada até então (o PIB). O segundo está associado a seu mentor, Amartya Sen, um conhecido economista indiano, professor nas melhores universidades dos EUA e Inglaterra e ganhador do Prêmio Nobel (1998). Por último, o terceiro fator se nutre da instituição que o patrocinou (um organismo das Nações Unidas), fato que outorgaria a esse indicador fundamento teórico e certa áurea de neutralidade.

O IDH é um indicador que combina três outros parâmetros: a esperança de vida ao nascer, a renda *per capita* e o nível de educação (este último, por sua vez, é uma combinação da educação dos adultos com a taxa de frequência da população em idade escolar). O objetivo seria agregar outras dimensões sociais (esperança de vida e educação) à grandeza estritamente econômica dada pela renda *per capita*. A fim de sofisticar ainda mais a multidimensionalidade do IDH básico, o PNUD publica a cada ano outras métricas complementares. Assim, aspectos distributivos, desigualdade de gêneros, pobreza, liberdade são contemplados em uma proliferação de indicadores que o PNUD disponibiliza segundo os anos.

---

[28] Em tradução livre: "O bem-estar de uma nação dificilmente pode ser medido pela renda nacional".

Não obstante ser o mais célebre, o IDH é só um dos múltiplos ensaios na tentativa de aproximar o bem-estar das sociedades agregando dimensões que estão além da produção mercantil. Assim, são exemplos o ISEW (*Index of Sustainable Economic Welfare*), o GPI (*Genuine Progress Indicator*), MDP (*Measure of Domestic Progress*), IBEE (*L'indicateur de bien-être économique*), HWI (*Human Well-Being Index*), construídos por diversos pesquisadores ou instituições internacionais.[29] Todos os casos são tentativas de agregar aspectos sociais, ecológicos, de sustentabilidade em um parâmetro síntese que represente o bem-estar dos indivíduos (e mesmo as futuras gerações) nas suas múltiplas dimensões. Essa insatisfação com o PIB e a crescente consciência que o bem-estar individual é multifatorial não está restrita a correntes de pensamento, escolas ou ideologias que podem ser catalogadas como críticas das economias de mercado ou às sociedades modernas em geral. Nesse sentido, é ilustrativo que um presidente (da França) como Nicolas Sarkozy (2007-2012), que integra o campo ideológico que os franceses denominam de direita ou conservador, tenha criado, em 2008, uma comissão para sugerir indicadores que substituam ou complementem o PIB para balizar os objetivos do governo e que exibam o progresso social e econômico de uma sociedade. Integravam essa comissão, além do professor francês Jean-Paul Fitoussi, dois Prêmios Nobel: Joseph E. Stiglitz (2001) e outro economista que já mencionamos, Amartya Sen (1998).[30]

Se o PIB, como estatística, pode merecer reparos e os mesmos são amplamente conhecidos e aceitos, os indicadores que tentam substituí-lo não deixam de fazer jus a críticas. Foge aos nossos objetivos avaliar as fragilidades dos indicadores síntese alternativos, mas a proliferação deles evidencia a dificuldade em pautar consensos. As dimensões a levar em consideração podem ser as mais diversas (poluição, esgotamento dos recursos naturais, trabalho doméstico, tempo de lazer, gerações futuras). Como outorgar valor ou outra unidade de medida que possibilite agregar esses componentes é outro desafio. O peso ou a ponderação a ser outorgada a cada um

---

[29] Ver Prescott-Allen (2001).

[30] O informe da Comissão pode ser consultado em <http://archives.cerium.ca/IMG/pdf/1-Measurement.pdf>.

deles na integração dos distintos itens é outro elemento de subjetividade que não pode estar isento de diversos olhares. Em todos os casos, a escolha das dimensões a serem consideradas, a valoração e o peso vão depender das convicções, gostos e ideologia daqueles que constroem metodologicamente o índice. Obviamente, na medida em que juízos, crenças, normas, e outras coisas, permeiam de forma tão explícita a formatação de uma estatística, a mesma terá poucas chances de substituir o PIB, uma vez que não atingirá o consenso internacional necessário para viabilizar a permuta. Por último, não menos importante é a falta de fundamentação teórica na construção dessas métricas alternativas. Se o PIB está ancorado em um paradigma teórico, mesmo com toda a fragilidade que este possa apresentar, o mesmo outorga algum tipo de âncora analítica à construção de uma estatística. Isto é, existem bases teóricas para assumir que o PIB seria uma boa aproximação do bem-estar de indivíduos e países. Pode-se estar de acordo ou não com o referencial analítico, podem-se identificar fragilidades que subsidiem correções (externalidades, ausência de contabilização de esferas não mercantis), mas os vínculos que supostamente correlacionam PIB com bem-estar têm uma âncora conceitual. Contrariamente, nos indicadores alternativos propostos para superar o PIB, a ausência de referenciais teóricos é clara.

Observemos que, implícita ou explicitamente, na crítica ao PIB como indicador síntese de alguma coisa que pode, muito difusamente, denominar-se "progresso", desenvolvimento, está subentendida a possibilidade de construir outra estatística. Outro indicador síntese que tenha um grau de aceitação razoável na sociedade e que possa ser utilizado para avaliar governos, fazer diagnósticos, construir rankings, pautar políticas. O PIB, apesar de suas limitações, omissões, entre outros, obteve, depois dos anos 1930, esse consenso, inclusive porque as metodologias nacionais foram normalizadas por uma instituição internacional (as Nações Unidas), singularidade que permite a sua utilização como parâmetro de comparação entre nações através do tempo. As métricas concorrentes foram elaboradas por instituições nacionais, acadêmicos, instituições internacionais restritas (OCDE, por exemplo), ONG cujas características não propiciam a sua disseminação e não existem consensos nacionais e internacionais capazes de gerar um parâmetro com uma anuência mínima que o torne apto para o diálogo e a cooperação entre governos, academia, sociedade civil, entre outros.

💰 Critérios Objetivos e Subjetivos dos Indicadores

Existe um critério de classificação das estatísticas conforme a sua construção se apoie em dados "objetivos" ou "subjetivos" ainda que, como veremos a seguir, exista uma zona cinzenta entre ambos os polos.

No primeiro caso, a constituição do indicador prescindiria de opiniões ou juízos de valor, seja dos pesquisadores, seja das unidades a partir dos quais a estatística é construída. O PIB seria o caso mais ilustrativo dessa suposta objetividade. O mesmo contabiliza, por exemplo, quantos carros foram produzidos em uma determinada unidade de tempo. Essa quantidade de carros é ponderada pelo seu preço. Este, como já analisamos, é associado à utilidade que o mesmo proporciona aos compradores. Ou seja, não se pergunta ao comprador quanto valora esse carro. Observa-se o preço e, dado um arcabouço teórico prévio que justifica essa escolha, opta-se por agregar os produtos, em que o indicador seria a soma dos bens e serviços ponderados pelos seus respectivos preços. O pesquisador pode achar que o carro é um bem inútil, que não agrega bem-estar ao comprador ou que a sua poluição não justifica a sua compra, uma vez que os custos ambientais superam seus benefícios. Contudo, essa opinião não é levada em consideração na construção da estatística.

Nesse sentido, o PIB seria um valor que pode ser considerado "objetivo". Essa suposta "objetividade" não significa que o PIB não seja limitado, por exemplo, não contabilizando a poluição e não levando em conta os custos na saúde que a poluição provoca. Pode não contabilizar tudo, pode ser limitado, mas a dimensão que contabiliza é "objetiva", não tem subjetividade. Apesar da enorme diferença entre estatísticas que tendem a fixar a sua contabilidade na dimensão mercantil (PIB) e outras que pretendem ser multidimensionais (dimensão mercantil mais aspectos sociais, ecológicos), em todos os casos estamos diante de metodologias de construção de indicadores que têm uma característica comum: são objetivas, ou seja, prescindem de julgamentos de valor, seja dos técnicos da instituição que elabora, seja dos indivíduos da sociedade em estudo.

No outro extremo existem os indicadores subjetivos, que se alimentam de pesquisas nas quais perguntam-se aos indivíduos aspectos como sentimentos, confiança, opiniões. A avaliação dos governos é o caso mais arquetípico. Os institutos de pesquisa perguntam ao indivíduo qual é a opinião sobre o governo, sendo as opções, por exemplo: ótimo, bom, regular, ruim, péssimo. Alternativamente, poderia ser oferecido ao entrevistado a opção de outorgar ao governo uma nota entre 0 (péssimo) e 10 (ótimo). Em qualquer circunstância estaríamos diante de um indicador construído a partir de levantamentos subjetivos.

Entre esses dois polos temos indicadores que combinam dimensões objetivas e subjetivas. Tomemos o caso do IDH: em princípio esse indicador seria a agregação de subíndices objetivos: renda, escolaridade e expectativa de vida. Contudo, embora seja a combinação de métricas objetivas, o resultado não foge à subjetividade, produto da própria construção do parâmetro. A primeira fonte de subjetividade é a escolha das dimensões (renda, educação e expectativa de vida). A segunda são os pesos dados a cada subíndice. Por que não incluir a destruição dos recursos naturais ou a "pegada ecológica"? Por que não incluir o tempo dedicado aos trabalhos domésticos ou ao lazer? Poderíamos continuar com os exemplos de aspectos que, hipoteticamente, poderiam chegar a ser contemplados, mas não foram. Tanto esses aspectos quanto os pesos dados aos mesmos são subjetivos. Um pesquisador preocupado com a sustentabilidade pode querer incluir mais aspectos associados ao meio ambiente e conferir um peso maior aos mesmos. Outro pesquisador mais pautado pelo consumismo e pelo presente pode não considerar essas dimensões.

A crítica ao PIB, por este contabilizar exclusivamente a esfera mercantil da sociedade, esbarra justamente na questão da subjetividade das variáveis que supostamente foram omitidas. Por exemplo, assumamos que a concretização de um empreendimento industrial leve a uma desfiguração de uma paisagem natural. Os benefícios desse empreendimento podem ser quantificados pelo valor agregado (mercantil) do mesmo. Mas a desfiguração da paisagem natural é custo? Para alguns, certamente. Para outros, pode não ser. Mesmo aqueles que lamentam a destruição do cenário natural, qual é, para eles, o valor dessa perda?

Como transformar esse custo em valores que possam ser subtraídos dos benefícios mercantis?[31]

No caso específico da Economia da Felicidade, estamos, naturalmente, lidando com indicadores subjetivos, uma vez que é através de levantamentos cuja pergunta é, essencialmente, se uma pessoa é feliz ou não, ou qual é o grau subjetivo de felicidade pelo qual se tenta quantificar o bem-estar das pessoas. No caso específico do Paradoxo de Easterlin, estamos cruzando um indicador objetivo (PIB) com um definitivamente subjetivo (felicidade). No próximo capítulo dedicaremos a nossa atenção às formas de construção da felicidade, suas características e limitações. Deixamos para o Capítulo 5 as possibilidades e restrições dos índices alternativos (entre eles um indicador de felicidade) como opção ao PIB como estatística síntese de progresso social e balizador de políticas públicas.

---

[31] Existem diversas formas de tentar dar valor monetário a essa perda. Por exemplo, a disposição a pagar. A literatura econômica é abrangente nas diferentes metodologias de valoração. Não abordamos esse tema uma vez que foge a nossos objetivos.

CAPÍTULO 2

Conceitos e Definições

"(A felicidade)... se pudéssemos vivê-la de forma ininterrupta, ela perderia valor, uma vez que só percebemos que somos felizes por comparação**"**

Friedrich Nietzsche

" Você sabe o que é a felicidade: 'ter um pouco mais de dinheiro que seus colegas'**"**

Paul Samuelson

Se a construção do PIB como indicador tem, não obstante as críticas e limitações (que já assinalamos no capítulo anterior), uma metodologia conhecida, bem sedimentada e com consensos internacionais (avaliada por instituições como as Nações Unidas), os indicadores de felicidade integram outra classificação de estatísticas, conhecidas como "pesquisas sobre o bem-estar subjetivo". Sua história é mais recente, se nutre da insatisfação com os parâmetros tradicionais de bem-estar (particularmente o PIB) e, como veremos, não estão isentos de críticas.

💰 Felicidade: a Dimensão Afetiva (hedonista) e Cognitiva

Quando se pergunta a um indivíduo sobre o seu bem-estar, ele pode responder sob dois prismas.

O primeiro diz respeito à sua situação de curto prazo, no momento da pergunta. A pessoa pode estar triste porque recebeu a notícia do acidente de um ser próximo, pode estar abatida porque acaba de ser desligada de um emprego ou, alternativamente, pode estar alegre porque recebeu uma promoção, porque seu filho foi admitido em um bom emprego. Essas respostas estão vinculadas às emoções ou sensações e estão condicionadas pelas circunstâncias do momento, sentimentos do dia a dia e são, por definição, transitórias (medo, tristeza, ansiedade, alegria).

Contrariamente a uma perspectiva de avaliação que privilegia o circunstancial, outra possibilidade consiste em ampliar o horizonte, onde a questão a ser colocada tenta identificar ou extrair o grau de satisfação que o indivíduo tem com a sua vida. Nesse cenário, obviamente, as vicissitudes de curto prazo podem influenciar a resposta, mas, conceitualmente, o objetivo da pergunta a ser construída ou a resposta a ser induzida está associada a uma espécie de balanço de sua existência. O quesito vinculado à "satisfação com a sua vida" estaria induzindo o indivíduo a realizar uma reflexão que esteja além do curto prazo. Ao encorajar uma reflexão estaríamos diante de uma dimensão "cognitiva" na qual as emoções do momento ocupariam uma posição secundária, quando não negligenciável.

Essa distinção é relevante não unicamente em termos conceituais, de classificação, dado que essas duas dimensões podem estar correlacionadas com distintas variáveis ou, em outros termos, as causas que geram manifestação em cada um desses espaços podem ser radicalmente díspares. Assim, por exemplo, a renda de um indivíduo pode estar mais correlacionada com a felicidade cognitiva que com os sentimentos (Diener; Kahneman; Arora; Harter; Tov, 2009; Diener; Kahneman; Tov; Arora, 2010; Kahneman; Deaton, 2010).[1] Por outra parte, a configuração dessas duas dimensões pode ser gerada por processos particulares a cada uma delas. Por exemplo (ver Veenhoven, 2010), a satisfação com a vida por

---

[1] Daniel Kahneman (1934) é um psicólogo que, paradoxalmente, foi o ganhador do Prêmio Nobel de Economia em 2002. Suas maiores contribuições estão associadas à introdução do estudo dos processos cognitivos nas decisões econômicas e, nesse sentido, constituem muitas vezes uma perspectiva crítica à racionalidade do modelo padrão em economia. Uma das diversas áreas nas quais ampliou e revolucionou a forma como os economistas observam o mundo é, justamente, a denominada Economia da Felicidade. Nesse sentido, seus livros e artigos serão citados em muitas oportunidades no transcorrer deste livro. Angus Deaton (1945-) foi também ganhador do Prêmio Nobel de Economia (2015). Neste caso, sua formação é em economia e sua contribuição nas áreas de pobreza e bem-estar lhe valeram esse galardão.

ser a resposta a um processo cognitivo no qual o indivíduo compara a sua situação atual com a qual ele desejava no passado ou contrasta seu estado atual com o potencial que ele imaginava factível. Pelo contrário, a outra dimensão (afetiva) está vinculada a aspectos emocionais e não a um processo racional de reflexão, comparação ou balanço. Em termos metodológicos, as duas dimensões devem ser bem diferenciadas e deveriam ser corretamente operacionalizadas nas pesquisas.

Lembremos que, como salientamos no capítulo anterior, a economia como ciência, desde seus primórdios, tentou contornar aspectos psicológicos nos processos de tomada de decisões. Os indivíduos (ou os agentes ou a unidade relevante na tomada de decisões) seriam racionais e sua conduta teria de ser avaliada pelas suas ações e seu comportamento, e não pelos seus desejos ou intenções expressas em discursos. Contudo quando a economia tenta se distanciar do PIB como indicador e procura uma aproximação com indicadores subjetivos de bem-estar, o retorno a aspectos psicológicos é incontornável. Nesse sentido, ter outorgado o Prêmio Nobel de Economia em 2002 a um psicólogo (Daniel Kaneman) manifesta a crescente importância ou status científico que a agenda de pesquisa da economia vem dando aos processos mentais.[2]

Poderíamos argumentar que essa diferenciação entre a felicidade cognitiva e o bem-estar associado a sensações (muitas vezes denominada de dimensão hedonista) é factível de ser revelada através da forma pela qual é colocada a pergunta nas pesquisas. Por exemplo, se a pergunta é: "você está satisfeito com a sua vida?", a resposta muito provavelmente está influenciada pela dimensão cognitiva. Ao contrário, se a pergunta formulada é do tipo "você é feliz?", estados de ânimo de curto prazo podem prevalecer. Em geral, não obstante também abordar ocasionalmente ciclos de estados de ânimo no curto prazo (Kahneman; Krueger; Schkade; Schwarz; Stone, 2004; KahNeman; Krueger, 2006), os economistas se interessam por aspectos associados à "satisfação com a vida" e o termo felicidade está associado a ele. Layard (2005, p. 30), um dos maiores teóricos na área, define a felicidade simplesmente como *feeling good* (sentir-se bem). A despeito de o objetivo primordial ser uma sensação cognitiva,

---

[2] Inclusive o último Prêmio Nobel (2017) foi outorgado a Richard Thaler pelas suas contribuições em pesquisar processos psicológicos dos indivíduos que limitam seu autocontrole, sua racionalidade. Essas premiações manifestam a crescente popularidade da economia comportamental como um ramo específico da economia.

existem robustas evidências que mostram que o entorno ou o estado de ânimo no momento da pesquisa (se o time de futebol de sua preferência ganhou ou não, se teve uma briga com o/a namorado/a, se saiu com amigos antes da pesquisa, as condições climáticas no momento de realização da pesquisa) afetam a perspectiva cognitiva ou de longo prazo (Kahneman; Krueger, 2006, Lucas; Lawless, 2013, Bertrand; Mullainathan, 2001; Schwarz; Strack, 1999).

Essa diferenciação entre aspectos emocionais e cognitivos pode ser complementada com uma polarização entre o curto e o longo prazos. Em outros termos, aspectos afetivos prevalecem quando aludimos ao curto prazo (uma briga com o(a) namorado(a), uma batida de carro). Pelo contrário, balanços cognitivos induzem a cômputos com horizontes de tempo mais extensos. O Paradoxo de Easterlin coloca seu argumento desde um horizonte de longo prazo e essa discussão é a mais interessante em termos teóricos, uma vez que coloca em xeque toda a ilusão moderna sobre a estreita e suposta correlação entre crescimento e bem-estar subjetivo. Por exemplo, os dados indicam que o milagre econômico do Japão pós-Segunda Guerra não se exprimiu em declarações de felicidade superiores por parte da população (ver Gráfico 1.2 do capítulo anterior). Ou seja, o relevante seria os longos períodos, não flutuações conjunturais.

Talvez como forma didática de exemplificar essa distinção entre curto prazo e longo prazo podemos introduzir a sensação de prazer em discussão. Essa seria uma percepção que está distante do longo prazo (ou da felicidade como sentimento cognitivo) e seu horizonte seria ainda menor que o curto prazo que mencionamos nos parágrafos anteriores. Esse brevíssimo intervalo de tempo não pode ser assemelhado à noção de felicidade como balanço de vida. Tomemos o caso de um dependente de narcóticos. A falta destes vai produzir um surto que só será revertido com outra dose. Esta pode proporcionar prazer ao dependente, mas certamente essa sensação instantânea não alterará a perspectiva cognitiva que ele tem de sua existência.[3]

Contudo, à margem dessas considerações sobre o prazer, alternações de curtíssimo prazo também foram pesquisadas pelos economistas. Durante a crise financeira de 2008 nos EUA, o instituto de pesquisas Gallup fez um levantamento diário (amostra de mil residentes)

---

[3] Retomaremos este aspecto no último capítulo, uma vez que Layard (2006) aproxima o consumo a uma droga.

a fim de identificar as autodeclarações de bem-estar. Deaton (2012) correlacionou a respostas com indicadores econômico-financeiros de curto prazo/diários (por exemplo, o Índice S&P 500 e o Dow Jones, os principais indicadores da Bolsa de Nova York). Como era de se esperar, sensações como estresse, preocupação e satisfação com a vida sofreram perceptível deterioração. Também em relação ao curto prazo, Kahneman e Krueger (2006) propuseram o *Experience Sampling Method* (ESM), uma abordagem que tenta determinar como a sensação de bem-estar evolui ao longo do dia. Contudo, como acabamos de afirmar, essas pesquisas sobre a variabilidade da autodeclaração de bem-estar no curtíssimo prazo estão situadas em uma perspectiva muito particular e não respondem nem complementam a questão central colocada pelo Paradoxo de Easterlin.

💰 O Conceito de Felicidade

Na literatura sobre Economia da Felicidade, os vocábulos utilizados para designar o bem-estar subjetivo são, indistintamente: bem-estar, bem-estar subjetivo, utilidade, felicidade, qualidade de vida. Historicamente, no linguajar dos economistas, a palavra corriqueira é utilidade (ver qualquer livro ou texto de microeconomia). Nesse sentido, as pessoas maximizariam sua utilidade mediante o consumo (de bens, serviços, de tempo livre, lazer). Essa forma de abordar a questão tende a contornar o problema da definição de utilidade. Recentemente, o termo "felicidade" vem substituindo a expressão "utilidade", mas o debate sobre a própria natureza da palavra não é, em geral, assumido pelos economistas.[4] Dessa forma, na literatura, como acabamos de afirmar, se utilizam indistintamente utilidade, bem-estar subjetivo, felicidade, satisfação com a vida. Debates sobre distinções entre essas palavras (conceitos) existem entre economistas, ainda que não usuais (ver Clark; Senik, 2011). Poderia se argumentar que um debate sobre os distintos significados dos vocábulos (a origem das palavras ou etimologia) utilizados como sinônimos não diz respeito a economistas, e sim a historiadores e psicólogos. Uma vez que, como veremos com detalhe no próximo capítulo, o objetivo dos economistas não é direcionar a discussão sobre os diferentes significados e semelhanças dos termos

---

4 Ver Kahneman e Krueger, 2006.

bem-estar, satisfação, utilidade, felicidade, entre outros, senão estabelecer nexos entre uma declaração subjetiva e variáveis objetivas (renda, desemprego, idade) à possível polêmica sobre o significado conceitual do termo tem sido negligenciada.

Se essa posição pode ser defensável quando pesquisamos um país e a evolução do indicador de felicidade autodeclarado no tempo, quando comparamos internacionalmente distintos níveis de bem-estar subjetivo que os entrevistados manifestam e sua relação com, por exemplo, a renda *per capita*, esse desinteresse é menos sustentável e pode merecer fundadas críticas.

Com efeito, a pergunta sobre a felicidade de um indivíduo pode ser realizada mediante diferentes expressões: qual é o seu bem-estar? Qual é a sua satisfação com a vida? Qual é o seu grau de felicidade em uma escala de 0 a 10? Mas será que o significado desses termos independe do idioma ou do contexto cultural no qual é formulado? Vários países entre os mais pobres do mundo (como Guatemala) registram índices de felicidade superiores ao do Japão (um dos países mais ricos do mundo).[5] Mas será que o conceito de felicidade em culturas tão diferentes pode ser comparado? O significado das palavras empregadas recolhe avaliações, balanços ou sensações similares? A pergunta é pertinente e relevante na medida em que as comparações internacionais são um dos aspectos mais interessantes nas pesquisas sobre os determinantes econômicos da felicidade. Não obstante contextos culturais e línguas alterarem o significado dos vocábulos (Wierzbicka, 2004) e até levarem a questionar a validade de comparações internacionais (Bok, 2011), existe um certo consenso na literatura sobre economia da felicidade rejeitando a relevância dos diferenciais de cultura, genética e de idiomas ou, no caso de existirem, são negligenciáveis (Veenhoven, 2010; Inglehart; Klingemann, 2000). A Suíça, por seu caráter multilinguístico, é o país geralmente tido como exemplo da irrelevância da língua na qual é colocada a pergunta sobre as respostas.[6]

---

[5] Ver World Happiness Report 2017. ONU.

[6] Na realidade, não obstante a Suíça ser indicada como a prova da irrelevância da língua, fica em aberto que seja exemplo da pouca influência de distâncias culturais nos significados dos termos felicidade e seus substitutos. Não obstante a diversidade de idiomas, os contrastes culturais entre os cantões suíços não são abismais como pode ser o caso entre o Mali e a Suécia.

Outra dúvida cabível, mesmo conservando a mesma língua e cultura, diz respeito a diferentes palavras utilizadas nas pesquisas para representar o fenômeno que pretende ser avaliado. Assim, satisfação, felicidade, entre outras, são distintas alternativas que podem ser escolhidas nas pesquisas como se fossem sinônimos. Ao menos no caso da língua inglesa, as diferentes palavras utilizadas (*satisfaction/happiness*) não parecem alterar o resultado (Blanchflower; Oswald, 2004). Contudo, se entre os pesquisadores existe um consenso sobre a existência de uma percepção próxima à felicidade em todas as culturas e as distintas línguas podem representar esse estado, essa universalidade está distante de esgotar o tema. Com efeito, uma pergunta pertinente é: por que diferentes países com a mesma renda *per capita* logram níveis de felicidade tão diferentes? Vamos nos deter nesse aspecto com certo detalhe.

💰 A Função de Produção da Felicidade (ou como transformar insumos em bem-estar subjetivo)

Os economistas têm uma tendência declarada a utilizar conceitos que, originalmente imaginados para estudar fenômenos econômicos, apresentam tal flexibilidade (ou os economistas lhe outorgam essa plasticidade) que podem ser aplicados aos mais diversos campos do conhecimento. Um desses conceitos é a denominada Função de Produção. Nos seus primórdios, a Função de Produção foi um conceito utilizado para representar os vínculos entre uma dada oferta e os insumos utilizados na sua criação. Por exemplo, podemos associar a quantidade e qualidade dos carros produzidos à quantidade de trabalho e capital utilizado no processo produtivo. A esse vínculo os economistas deram o nome de Função de Produção.

A partir dessa origem, o conceito foi empregado nas mais diversas ocasiões, uma delas, nas pesquisas de Economia da Felicidade. A Função de Produção de cada país seria o nexo entre certas variáveis objetivas e o índice autodeclarado de bem-estar (um indicador subjetivo). Por exemplo, os vínculos entre um dado Índice de Felicidade e dados de renda, liberdade política, desigualdade. Assim, se Costa Rica tem um Índice de Felicidade próximo ao da Áustria, não obstante a renda *per capita* da Áustria ser 105% superior à da Costa Rica (além de outras variáveis como educação, expectativa de vida e liberdade política serem superiores no país europeu) significa que os costarriquenses têm maior capacidade que os austríacos em "transformar" certos "insumos" em felicidade. Esse diferencial de capacidade pode se nutrir da "cultura" de um país ou de um grupo social. Observemos que estamos escrevendo a palavra "cultura" entre aspas de forma proposital, uma vez que a mesma é ambígua, difícil de ser operacionalizada dado que envolve diversas dimensões (religião, família, língua). A cultura pode influenciar os sentimentos de satisfação com a vida de diversas formas, por exemplo, o que se considera uma forma correta de viver, em que medida o bem-estar dos membros de sua comunidade afeta seu bem-estar, em que medida os bens materiais contribuem para a felicidade autodeclarada, como as estruturas familiares afetam o bem-estar individual de seus membros.

Uma das formas de instrumentalizar essa variável (cultura) foi mediante a comparação entre os Índices de Felicidade reportados por distintas comunidades vivendo em um mesmo país. Assim, as respostas dos "nativos" são comparadas com as reportadas nas comunidades de imigrantes. Sofisticando a análise para tornar ainda mais explícita a dimensão cultural, são comparados grupos que foram escolarizados no país antes dos dez anos, por exemplo, com aqueles nos quais os primeiros anos de escola foram realizados no país de origem do grupo cultural migratório. A conclusão das pesquisas tende a outorgar à variável cultural uma relevância não desprezível (Diener; Suh, 2000). Portanto diferentes culturas tenderiam a ser mais "eficientes" em transformar condições de vida em indicadores autodeclarados de bem-estar. Em outras palavras: é polêmica a suposição que a dimensão cultural pode ser negligenciada no momento de avaliar o grau de satisfação com a vida declarado pelo indivíduo.[7] Os resultados das pesquisas específicas são ambivalentes.

💰 A Base de Comparação ou o Referencial

Se no processo cognitivo mediante o qual respondemos a uma pergunta sobre o grau de nossa felicidade (por exemplo, situar-se em uma escala cujo intervalo é entre 0 e 10) o relevante é cotejar a situação hoje

---

[7] Na literatura se estudou muito o denominado "mal Francês" (os índices de felicidade reportados pelos franceses estão abaixo dos esperados pelas suas condições de vida, sua liberdade política, os bens públicos) e, nesse sentido, os aspectos culturais estariam na origem (Senic, 2014).

com algum estado hipotético, não se pode contornar a discussão sobre a qual seria essa base de comparação. Várias são as possibilidades. Uma das alternativas pode ser o presente e o referencial ser alguma ilusão ou aspiração de vida no passado (Veenhoven, 2010). Outra possibilidade não é a história de vida, aspirações ou ilusões do próprio indivíduo em algum momento do tempo senão um grupo de referência (grupo familiar, amigos, colegas de trabalho, antigos companheiros de turma no sistema escolar). O processo cognitivo de definir o nosso bem-estar subjetivo, hoje tendo como correspondência um parâmetro externo (o próprio passado ou um grupo referencial), será de crucial importância para definir e compreender as variáveis que os economistas associam à felicidade e às diversas respostas que ensaiam para explicar o Paradoxo de Easterlin. Voltaremos sobre esse aspecto em diversas ocasiões no transcurso do livro.

A Escala de Medição e a Questão da Subjetividade nas Autodeclarações

Escalas de Medição

A questão é: como transformar uma sensação, um estado anímico ou um balanço cognitivo em um parâmetro ou escala que possa ser estatisticamente operacional?

Duas alternativas são possíveis. A primeira seria apresentar ao entrevistado distintas categorias, por exemplo: muito feliz, bastante feliz, não muito feliz, nada feliz e não responde.

A segunda alternativa seria uma nota em uma escala que, usualmente (mas não necessariamente), vai de 0 a 10, em que 0 representa o extremamente infeliz e 10, extremamente feliz. Obviamente, podemos estar diante de uma combinação das duas alternativas e outorgar pontuações a estados (por exemplo, ao indivíduo que declara ser completamente feliz é outorgado um valor máximo, muito feliz um valor menor, e assim sucessivamente até a nota mínima no caso de ser completamente infeliz).[8]

---

[8] Essa transformação entre estados declarados e escalas pode ser vista em Blanchflower e Oswald (2005).

A questão da escala de medição (ou mesmo a possibilidade que uma sensação ou estado de ânimo possa ser representado quantitativamente em uma escala) constitui uma questão central na polêmica que envolve as questões relativas ao estudo da Economia da Felicidade, chegando muitas vezes a pôr em dúvida a possibilidade de esse campo ser objeto de avaliações quantitativas. Vamos nos deter nessas questões, mas antes lembremos que muitas vezes as críticas deixam de mencionar que a escala de felicidade é um intervalo de possibilidades no qual se pode situar o indivíduo que está se autoavaliando. Não é uma unidade de medida como quilo, megawatts, quilômetros; estamos falando em sensações sem que exista um referencial objetivo. Vamos ilustrar esse problema mediante uma comparação entre as autodeclarações de felicidade e a segurança. No caso desta última, se podem fazer tanto medições subjetivas (a sensação de segurança dos cidadãos) quanto objetivas (indicadores como o número de homicídios por 100 mil habitantes, o número de roubos). Ambas as formas de medição podem apresentar os mesmos movimentos ou não. Um assassinato com certa crueldade muito veiculado pela imprensa pode deteriorar a sensação de seguridade, não obstante o contexto objetivo pode não registrar degradação. Contrariamente, no caso da felicidade não temos esse dado objetivo. Não pode existir um parâmetro objetivo nem uma métrica. Não faz sentido um quilo ou um quilômetro de felicidade. Por definição, a felicidade é uma sensação autodeclarada. Para lembrar ao leitor essa característica, no livro, a palavra "autodeclarada" precederá, quase sempre, as palavras "bem-estar", "felicidade".

A Alteração no Tempo da Métrica Subjetiva

Por outro lado, o referencial externo que pauta as autodeclarações (a comparação com o passado ou com um grupo de referência) faz com que a autoescala de medição se altere no tempo. Uma medida tem sua métrica constante (número de homicídios por 100 mil habitantes, por exemplo). No caso da autoavaliação do próprio bem-estar não, a mudança na escala, uma vez que o grupo referencial pode estar mudando. Se eu e meu vizinho temos um salário de 100 e essa situação me induz a declarar um índice de felicidade de 9 (em uma escala de 0 a 10), no caso de eu permanecer com um salário de 100 e o vizinho conseguir elevar o seu para 150, a minha satisfação autodeclarada muito provavelmente apresentará deterioração. Essa corrosão não será produto da alteração na minha situação senão a externalidade que o ganho do vizinho gerou no meu bem-estar. Ou seja, a escala subjetiva foi alterada no tempo. O leitor pode desconfiar desta argumentação, uma vez que a autopercepção do meu bem-estar é uma questão relativa e não absoluta. Veremos que esse é um ponto central de toda a teoria da Economia da Felicidade. Voltaremos a esse ponto em inúmeras ocasiões no transcurso do livro.

Críticas mais Usuais a Tentativas de Quantificar a Autodeclaração de Felicidade

Um primeiro reparo diz respeito à existência de um máximo e um mínimo. Imaginemos que um indivíduo se declare no ápice da escala de medição (extremamente feliz ou nota 10). Nesse caso, não existe possibilidade de elevar esse parâmetro e, assim, se o nível de renda do declarante aumenta ele não vai ter a alternativa de declarar um patamar mais elevado. Diante disso, pode-se chegar à conclusão que a renda não altera o nível de felicidade. O mesmo raciocínio pode ser estendido no caso da escala em categorias. Se o máximo é, por exemplo, "muito feliz" ou "muito satisfeito com a sua vida" e alguma variável explicativa (renda, liberdade política) aumenta, um indivíduo que se autodeclarou nessa categoria não tem possibilidades de alteração. Simetricamente podemos aplicar o argumento no outro extremo. Se um entrevistado se declara "nada feliz" ou indica uma nota 0 e sua situação econômica se deteriora, não há forma de a escala representar essa degradação.

Se os extremos possuem esse problema, valores intermédios não estão isentos de questionamentos. Por exemplo, a nota 5 sugeriria medianamente feliz, medianamente infeliz ou indiferente, neutro emocionalmente?

No entanto, como assinalaram Johns e Ormerod (2007), quando transformamos uma categoria (muito feliz, mais ou menos feliz) em uma escala, alterações na média requerem profundos deslocamentos de população entre uma categoria e outra.[9] Ilustrando essa crítica. Para mudar em 0,01 o índice de felicidade, 1% da população teria de passar de uma categoria a outra (por exemplo, de não muito feliz para razoavelmente feliz ou de razoavelmente feliz para muito feliz) ou 0,5% da população teria de pular duas categorias.

Um segundo aspecto, talvez mais relevante, uma vez que é válido para todos os patamares na escala, está associado à questão da variação relativa. Assumamos que um indivíduo declara um índice de felicidade muito baixo, suponhamos 1, e outro extremamente elevado, como 9. Consideremos uma situação hipotética na qual a renda dos indivíduos se eleva, gerando um aumento na declaração de bem-estar de ambos indivíduos de 0,5, passando o primeiro a registrar 1,5 e o segundo 9,5. Em termos absolutos estamos diante da mesma variação, mas, em termos relativos, no primeiro o parâmetro de bem-estar aumentou 50% e no segundo somente 5,56%. No tocante à escala de felicidade, o relevante é também o absoluto ou o relativo? Como é a nossa reação (o comportamento do ser humano) diante de alterações no estímulo (no caso que estamos avaliando a renda)? Temos que avaliar os dois casos em termos absolutos? Os dois casos em termos relativos? Um em termos absolutos e outro, relativos? Neste caso, qual deles? Vamos dedicar os próximos parágrafos a apresentar os resultados da extensa pesquisa na área.

O Índice de Felicidade e a Dimensão Temporal

Os levantamentos de opinião sobre a autopercepção de felicidade são (em relação ao tempo) unidimensionais, perguntam ao indivíduo como se situa em uma escala de 0 a 10 no momento da pesquisa. Negligenciar o fator temporal leva a dois tipos de problemas.

Vamos ilustrar o primeiro inconveniente mediante um exemplo. Suponhamos que um país pobre registre uma média no índice de felicidade de 8, o mesmo nível de outro país extremamente rico. Acompanhando o Paradoxo de Easterlin, de forma precipitada,

---

[9] Ver Apêndice 1 (p. 75) em Johns e Ormerod (2007).

poderíamos concluir que a renda *per capita* é irrelevante como variável explicativa da felicidade.

Contudo, vamos complementar a informação anterior e supor que, no país pobre, a expectativa de vida seja de quarenta anos e no país rico, de 80. Essa nova informação faz toda a diferença. Mesmo que o aumento do PIB *per capita* não eleve os níveis de bem-estar autodeclarados, ao elevar a expectativa de vida o crescimento econômico vai aumentar a quantidade total de felicidade que os indivíduos desfrutaram durante sua existência. Assim, um indicador relevante não seria o dado pontual senão o agregado temporalmente (expectativa de vida × índice de felicidade), uma vez que existe consenso que o desenvolvimento econômico eleva a expectativa de vida (sobre esse ponto existe acordo) mesmo aceitando o Paradoxo de Easterlin para um ponto no tempo em um horizonte maior o balanço pode ser positivo. Tomemos o caso paradigmático do Japão, país onde, desde uma perspectiva de longo prazo, os índices de felicidade reportados pela sua população parecem insensíveis ao milagre econômico dos últimos cinquenta anos. Porém, a expectativa de vida (ao nascer) que era de setenta anos em 1965, em 2015 atingiu quase 84 anos.[10] Portanto, mesmo com índices de felicidade estagnados, se o desenvolvimento do Japão foi o responsável pela elevação da expectativa de vida, indiretamente teve impacto sobre o total de felicidade que os japoneses têm no transcurso de sua existência.

Um segundo aspecto mediante o qual o tempo fragiliza os índices de felicidade pontuais diz respeito às gerações futuras. Se imaginamos um indivíduo hedonista, individualista e consumista cujo nível de bem-estar está associado a seu nível de consumo, uma política pública que maximize seu índice de bem-estar (imaginemos que isso seja possível) pode estar comprometendo os índices de felicidade das gerações futuras (esgotamento dos recursos naturais, poluição, mudança climática, destruição das paisagens

---

[10] Fonte: Banco Mundial.

naturais). Nesse caso, criticar o PIB como um indicador parcial e "economicista" (ver Capítulo 1) e substituir o mesmo por um Índice de Felicidade altera a essência do problema?

💰 O Ser Humano Sente Logaritmicamente

Se avaliamos em termos relativos, estamos diante de dois desafios conceituais e empíricos.

O primeiro é quase intuitivo e nos diz que quanto mais rica é uma pessoa ou um país, mais difícil (impossível a partir de um patamar? Podemos atingir um patamar de saciedade?) será elevar seu nível de bem-estar. Assim, quando avaliamos um indivíduo ou um país muito pobre, com dificuldades para preencher até mesmo suas necessidades biológicas (na fronteira da fome), aumentos na renda proporcionarão elevados impactos nos índices de felicidade (tanto em termos absolutos como relativos). À medida que o indivíduo/país enriquece, os impactos serão cada vez mais modestos (podem ser até elevados em termos absolutos, mas reduzidos em termos relativos). Até podemos imaginar a existência de um patamar de saciedade no qual todas as necessidades fisiológicas, psicológicas e culturais são preenchidas e alterações, em alguma variável explicativa, já não produzem efeitos no nível de felicidade. Quanto à renda, Layard (2006) situa esse nível de saciedade (patamar a partir do qual a renda não mais tem impacto sobre o nível de felicidade declarado) em US$ 15 mil. Essa suposta saciedade nas nações ricas não é consensual e Stevenson e Wolfers (2013) sustentam, empiricamente, que se esse limar existe, ainda não foi atingido.[11]

Assumamos que esse limiar de saciedade ou não existe ou ainda não foi atingido. Nesse caso, podemos apresentar o segundo desafio conceitual e empírico: como podemos explicar que a variação da felicidade autodeclarada é muito sensível às variações de renda em patamares de PIB *per capita* baixos se vão reduzindo à medida que o PIB *per capita* se

---

[11] Se existe ou não um limiar de saciedade, é uma discussão relevante para avaliar em que medida as sociedades dos países mais desenvolvidos devem ainda procurar elevar sua renda *per capita*. Abordaremos essa questão quando apresentarmos as discussões sobre as recomendações de política pública que se deduzem da economia da felicidade, no Capítulo 4.

eleva? Em outros termos, passar de um índice de felicidade de 1 para 2 seria relativamente fácil, mas passar de 9 para 10, extremamente difícil. Aqui estamos diante de uma âncora conceitual cuja referência é a psicologia (ou psicofísica) ou, mais especificamente, o que se conhece como Lei de Weber-Fechner.[12] Segundo tal lei, a alteração percebida a um estímulo é proporcional ao estímulo inicial. Quando estamos diante de baixos estímulos, a sua elevação é facilmente percebida. Conforme estamos em patamares superiores, a percepção das alterações começa a reduzir. Relativamente à discussão, se um país tem renda *per capita* de US$ 600 (como é o caso da República Centro-Africana) e o PIB por habitante se eleva em US$ 100, o impacto sobre o bem-estar vai ser bem perceptível (o PIB elevou-se em aproximadamente 17%). No caso de um país com renda *per capita* de US$ 100 mil (Luxemburgo), a elevação de US$ 100 vai passar quase desapercebida pelos seus habitantes. Os economistas e psicólogos representam esse comportamento como adquirindo uma forma semilogarítmica. Eles supõem (suposição bem ancorada em testes empíricos) que nós, humanos, "Percebemos Logaritmicamente". Em termos didáticos, R$ 100 para alguém que tenha uma renda de 1.000 representa mais que 100 para alguém com um salário de R$ 10 mil. Para aproximar ambas sensações, deveríamos agregar ao salário do segundo indivíduo 1.000 (10% de 10 mil, uma vez que 100 é 10% de 1.000). Contudo a sensação se altera de forma linear (passando de 1 a 2, por exemplo). Ou seja, temos que variações percentuais alteram nossas sensações de forma absoluta. Assim, a perspectiva relevante para avaliar em que medida uma elevação de renda impacta o nível autodeclarado de bem-estar seriam as variações relativas no PIB (percentual de mudança) e não as absolutas. Nesse sentido, a literatura sugere (Deaton, 2008; Stevenson; Wolfers, 2013) que os dados se ajustam razoavelmente e a relação entre renda e bem-estar adquiriria um vínculo semilogarítmico. Inclusive, trabalhando com magnitudes relativas, Deaton (2008) propõe que, contrariamente à hipótese de saciedade, o impacto percentual de uma elevação, também percentual, da renda seria maior em patamares elevados de renda que em níveis menores.

---

[12] Essa denominação diz respeito a dois psicólogos, Ernest Heinrich Weber (1795-1878) e Gustav Theodor Fechner (1801-1887).

Sentir Logaritmicamente. O que isso Significa e Por Que Sentimos dessa Forma?

A denominada Lei de Weber-Fechner situa-se no campo de pesquisa da psicologia fisiológica ou psicofísica.[13] Basicamente, essa lei tenta generalizar a relação entre como o ser humano percebe um estímulo físico. Vamos ilustrar o problema com um exemplo corriqueiramente utilizado para introduzir o problema.

Imaginemos que, com os olhos vendados, um indivíduo suporte, em sua mão, um peso de 100 gramas; no caso de agregar um grama, essa pessoa sinta alguma diferença. Se continuamos agregando peso, talvez com 10 gramas já seja percebido um maior fardo. Suponhamos que o limite para que o indivíduo possa sentir uma agregação de peso seja de 10 gramas. Contudo se o peso inicial não fosse de 100 gramas, mas de 1.000 gramas, muito provavelmente 10 gramas não gerarão nenhuma reação nem serão percebidos como uma alteração. Assim, o discernimento (sensação) de uma alteração no peso (estímulo) vai depender não de um valor absoluto da mudança senão da variação relativa. Ou seja, vai depender da relação entre a variação do estímulo e o patamar do estímulo inicial.

Matematicamente, essa relação (ou essa lei) pode ser representada por:

$$(1) \qquad dP = k \, dE/E$$

onde: P = percepção (e dP variação da percepção), k = uma constante; E = estímulo (dE=variação do estímulo).

Na realidade, (1) é uma equação diferencial muito simples. Resolver uma equação diferencial consiste em encontrar a função P(E) que satisfaz a igualdade (1). Integrando ambas as partes e depois de simples passos algébricos temos que:

$$(2) \qquad P = k \ln (E/E_0)$$

---

[13] Como afirmamos no texto, essa denominação se deve aos psicólogos Ernst Heinrich Weber e Gustav Theodor Fechner, que realizaram seus experimentos na segunda metade do século XIX.

onde: ln = logaritmo natural e E_o = o mínimo estímulo a partir do qual se sente alguma percepção.

Basicamente, a fórmula anterior nos diz que a relação entre a percepção e o estímulo segue uma escala semilogarítmica. Ou seja, o relevante são as variações percentuais nos estímulos (variação geométrica), e a resposta na percepção segue uma escala geométrica. Vamos ilustrar com um exemplo numérico (ver tabela e gráfico a seguir). Suponhamos que o nível de renda mais baixo seja de 20, renda que leva o indivíduo a declarar um nível de felicidade 0 (escala de 0 a 10). Vamos supor que a renda aumente 10% (vai para 22), elevação que induz o indivíduo a aumentar uma unidade em seu nível de felicidade autodeclarado (passa de 0 a 1). O exercício continua com aumentos imaginados de 10% na sua renda e elevações de 1 no seu índice de bem-estar. Vemos que o estímulo varia em termos percentuais e a percepção em termos absolutos.

Renda	Felicidade
20	0
22	1
24,2	2
26,62	3
29,28	4
32,21	5
35,43	6
38,97	7
42,87	8
47,16	9
51,87	10

Fonte: Elaborado pelo autor

Falamos que a evolução do estímulo tem uma trajetória logarítmica porque a variação percentual é a mesma, não obstante a variação absoluta muda. Entre 20 e 22 a distância é de 10%, a mesma que entre 24,2 e 22. Se aplicamos logaritmo natural a esses números, veremos que o diferencial entre eles é sempre o mesmo (0,0953), como é o mesmo o percentual de variação.[14] A variação na percepção é a mesma (variação de 1), mas é a mesma em termos absolutos.

Esta seria uma lei, ou seja, seria generalizável e a percepção de felicidade autodeclarada não fugiria a ela. O ajuste dos dados internacionais (dados de Felicidade e PIB *per capita*) validariam esse paralelo entre a Lei de Weber-Fechner e a relação Felicidade autodeclarada/PIB *per capita* (Deaton, 2008).

Podemos aprofundar a relação anterior com uma pergunta mais geral: por que essa relação sobre logaritmo? Segundo Varshney e Sun (2013), perceber logaritmicamente seria o produto evolutivo, resultado da seleção natural. Seria relevante para um caçador-coletor saber se está sendo atacado por dois ou três leões, mas seria irrelevante determinar se está diante de uma manada de caça de 98 ou 100 possíveis presas. Instintivamente os seres humanos (e também os animais) processariam os números de forma logarítmica (afirmação que se teria confirmado em experimentos com crianças de creches e tribos indígenas). Só depois da escolarização a percepção seria linear. O processo de seleção teria operado, uma vez que a percepção logarítmica teria a vantagem de reduzir erros de apreciação e seria válida em diversas áreas (dor, cálculo da distância, tempo).

💰 O Paradoxo do Paradoxo de Easterlin

Lembremos o denominado Paradoxo de Easterlin (ver Capítulo 1): o nível de renda não impacta nos índices de felicidade autodeclarados. Contudo, esse Paradoxo enfrenta sua própria neutralização: dentro de cada país em cada momento do tempo. A relação encontrada é sempre positiva: quanto mais elevada for a renda dos indivíduos, maior é o grau

---

14 O número "e" elevado a 0,0953 é 1,10, ou seja, 10% de aumento.

de satisfação com a sua vida (Stevenson; Wolfers, 2013). A pergunta é natural: como é possível que, no longo prazo, à medida que aumenta o PIB *per capita* essa trajetória crescente não tenha impacto sobre a felicidade autodeclarada das pessoas, mas em um dado momento do tempo, em cada país, o impacto seja positivo? Que incongruência seria essa? (ver Gráfico 2.1)

⊞ GRÁFICO 2.1

Renda e Felicidade: curto prazo, adaptação e longo prazo

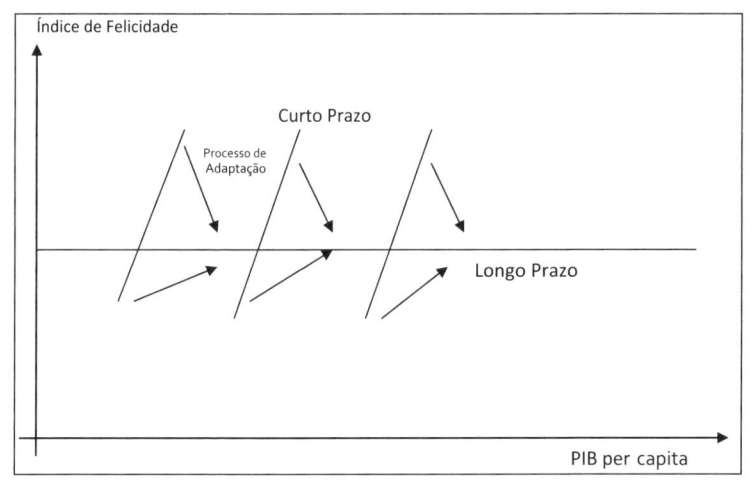

Fonte: Elaborado pelo autor.

💰 O Fenômeno da Adaptação ou a Armadilha da Felicidade

A fim de responder a esse desafio imposto pelos dados, os economistas introduziram outra dimensão da psicologia: a adaptação. Ou seja, o ser humano se adapta a uma determinada situação, seja em algum aspecto que melhore o bem-estar, seja em um que o degrade. Vamos ilustrar com dois exemplos (Brickman; Coates; Janoff-Bulman, 1978). Suponhamos que um indivíduo ganhe a Mega-Sena acumulada. A intuição e os dados indicam que o nível de felicidade declarado aumentará. Ocorre, porém, que, no transcorrer do tempo, essa pessoa se adaptará a esse novo nível de renda (o "novo normal") e a declaração de bem-estar retornará à posição inicial. Assim o impacto de ter ganho a Mega-Sena acumulada sobre a sua felicidade será transitório e não definitivo.[15] O raciocínio deveria ser simétrico no caso de um choque negativo. Por exemplo, um indivíduo depois de um acidente ou uma enfermidade que o torne deficiente de forma permanente, pode, após um intervalo de tempo de adaptação, voltar a experimentar níveis de satisfação similares aos observados antes da catástrofe (Schulz; Decker, 1985; Wu, 2001).[16]

Aqui temos duas objeções factíveis.

A primeira diz respeito à falta de simetria entre ganhar alguma coisa e perdê-la. Em uma distinção bem-aceita na literatura (Kahneman; Tversky, 1984): as sequelas negativas de uma perda parecem ser superiores aos proveitos oriundos de algum ganho (*loss aversion*). Ou seja, existem fundadas dúvidas de que o impacto de uma perda, relativamente ao bem-estar, possa ser recuperado. A segunda objeção diz respeito à própria significação de felicidade e de escala. Não seria razoável supor que um indivíduo que sofreu um acidente de carro que o incapacitou fisicamente recupere o índice de felicidade que tinha antes das restrições à sua mobilidade.[17] Isto é, existem aspectos intuitivos e certos resultados empíricos que alimentam a suposição de que, diante das perdas, a adaptação não é total.[18]

Contudo, por uma questão óbvia (o Paradoxo de Easterlin questiona todo o modelo teórico a partir do qual os economistas olham o mundo), o desafio está mais centrado em avaliar o impacto dos aumentos de renda no bem-estar que nos desdobramentos das quedas. Vamos, assim, nos concentrar em qualificar com mais detalhe em que medida o impacto positivo de alguma mudança tende a se diluir no tempo e os indivíduos retornam à situação de bem-estar prévia. Podemos até radi-

---

[15] Os resultados encontrados por Brickman, Coates e Janoff-Bulman (1978) foram bastante questionados em pesquisas posteriores. Gardner e Oswald (2007) argumentam que os ganhadores de jogos de azar (tipo a loteria) aumentam seu bem-estar de forma duradoura. Nesse sentido, Diener (2008) sustenta que esse tipo de argumento (adaptação total) não passaria de um mito. Contudo, na literatura, existe certo consenso sobre o processo de adaptação e um retorno aos níveis anteriores de bem-estar.

[16] Diversos artigos questionam esse retorno ao nível de satisfação com a vida após algum evento que leve um indivíduo à incapacidade. Ver Lucas (2007) e Oswald e Powdthavee (2008).

[17] Estamos aqui diante de um paradoxo. Se a capacidade de adaptação é total (ou seja, se depois de um tempo os que se tornam incapazes em acidentes de trânsito recuperam seu nível de bem-estar que tinham antes da tragédia), a pergunta óbvia é: para que os governos vão alocar recursos para tornar os carros e as estradas mais seguros?

[18] Sobre as referências bibliográficas que questionam a adaptação total, ver as notas de rodapé 11 e 12.

calizar esse argumento: existem estatísticas que permitem concluir que, diante de um contexto de renda em estagnação ou em leve aumento, os índices de felicidade reportados pelos entrevistados apresentam quedas (Weimann; Knabe; Schöb, 2015). Em outros termos: uma leitura das estatísticas permite concluir que, se a renda não cresce de forma significativa, os parâmetros reportados de bem-estar se deterioram.

Mas deixemos esse caso mais radical (a deterioração dos índices de felicidade devido a uma estagnação ou leve aumento na renda) e circunscrevamo-nos a nossa análise ao caso de um acrescimento do binômio renda-felicidade e um retorno posterior pela acomodação da sensação de bem-estar. Aqui a questão a ser colocada é: o que determina esse patamar médio de longo prazo, relativamente constante ao que se volta depois de passageiras alterações? Uma primeira resposta pode ser a cultura de cada povo. Por exemplo, a cultura e, nesse sentido, os baixos índices de felicidade reportados pelos franceses em comparação a seus vizinhos (especialmente os países nórdicos) poderiam ser explicados por fatores que dizem respeito a sua psicologia e formas de ver o mundo (Senik, 2014).[19] Assim existiria um patamar médio de felicidade de longo prazo próprio de cada país ou de cada indivíduo do qual não se pode fugir; seria uma espécie de "armadilha". As alterações seriam sempre transitórias, ganhos efêmeros que, dado o processo de adaptação, tornariam o retorno inexorável. Nesse sentido, o destino seria inescapável: tem-se que crescer ou a sensação de bem-estar vai se degradar. Mas, no longo prazo, via fenômeno de adaptação, os indicadores de felicidade vão pivotar sobre um patamar estável. Os ganhos serão de curto prazo, transitórios.

💰 As Bases de Comparação

Vamos deixar de lado a suposta "armadilha de longo prazo" e nos concentrar nas alterações factíveis de curto prazo.

Já salientamos em parágrafos anteriores que a autodeclaração de felicidade se alimenta, na ausência de uma escala objetiva, em alguma comparação, seja com nosso passado, seja com um grupo de referência

---

[19] A cultura está implícita na Função de Produção da Felicidade, da qual já falamos. Ou seja, como cada povo transforma bens, serviços, institucionalidade política (liberdade, igualdade) em bem-estar.

(família, amigos, colegas de escola) seja na confrontação entre a situação hoje e o presente imaginado no passado.

Vamos nos deter nesses aspectos que são cruciais para compreender as principais proposições da Economia da Felicidade.

O Próprio Passado ou a Renda Relativa com Respeito a Si Mesmo

Se, dentro de cada país, à medida que aumenta a renda, os cidadãos tendem a se autoqualificar como mais felizes, a questão é: Aumento de renda com respeito a que?

A resposta mais evidente é com respeito ao próprio passado mais ou menos imediato. Assim estamos em um caso próximo àqueles que tiveram a sorte de ganhar a loto: dada uma situação, uma elevação na renda aumenta a felicidade. Nossa base de comparação é a renda permanente que o indivíduo vinha obtendo e, nesse sentido, a elevação acarreta uma sensação de bem-estar superior. Depois, devido ao processo de adaptação, esse novo patamar é internalizado, o aumento eleva a renda permanente (que se converte no "novo habitual" ou o "novo normal") e a autodeclaração de felicidade retorna a um patamar similar ao anterior. Portanto o processo de adaptação poderia explicar o Paradoxo de Easterlin: as sociedades modernas estão numa procura incessante de PIB *per capita* maior que paulatinamente é internalizada, e não obstante impactos positivos no curto prazo, no longo prazo não altera a impressão de felicidade dos cidadãos.

Mas por que, no curto prazo, a relação existe? A resposta mais simples se nutre da abordagem microeconômica tradicional (ver Capítulo 1): o bem-estar ou utilidade depende do consumo de bens e serviços. A renda maior possibilita maior nível de felicidade na medida em que se elevou e diversificou a fronteira de possibilidades de consumo. Dado que a métrica é o passado imediato, até que essa nova fronteira não se internalize como um novo normal a sensação de felicidade terá aumentado. O processo de internalização transcorre no tempo e a armadilha se concretiza: volta-se aos níveis prévios de felicidade.

Paralelamente a aspectos culturais, no patamar médio de felicidade (aquele que, segundo Easterlin e, no longo prazo, seria insensível ao crescimento da renda) não podem ser descartadas variáveis genéticas. Ensaios com gêmeos idênticos e não idênticos indicam que essa hipótese não pode ser descartada (Lyyken; Tellefen, 1996; De Neve, Christakis; Fowlwe; Frey, 2012; Bartels, 2015). Se a herança genética tem um papel relevante na determinação do patamar de felicidade autodeclarado, em princípio as pesquisas em torno dos fatores econômicos que propiciam o bem-estar seriam desnecessárias. Colocado de outra forma, se os holandeses se declaram mais felizes que os franceses, não obstante um nível de desenvolvimento bem próximo, e a raiz da diferença é genética, careceria de sentido alocar esforços financeiros e humanos para pesquisar fatores econômicos que influenciam nessa distância. Duas ressalvas merecem ser mencionadas. A primeira diz respeito à importância dos genes no diferencial. Mesmo admitindo que o DNA de uma população tenha relevo, isso não diz tudo. Ou seja, a herança genética interage com aspectos econômicos, políticos, culturais no resultado final. A segunda ressalva está associada ao núcleo da pesquisa. O pertinente pode ser a variação no tempo da felicidade de uma nação ou de um indivíduo no tempo e não a comparação entre nações ou indivíduos.[20] Nesse sentido, mediante técnicas estatísticas (modelos de efeitos fixos) podemos contornar aspectos da personalidade ou culturais que não mudam ou se alteram pouco no tempo. Assim, se um indivíduo é pessimista e tem uma visão sombria do mundo e do futuro (essa singularidade não vai aparecer nas bases de dados), podemos determinar a correlação entre duas séries: uma de seu bem-estar no tempo e outra com parâmetros econômicos. Uma vez que sua personalidade ou cultura não mudam (ou mudam muito pouco) no tempo, é factível estabelecer se suas alterações da autodeclaração de bem-estar podem estar correlacionadas com mudanças em parâmetros econômicos.

Todavia fora dessas variáveis que determinam os patamares de felicidade de cada povo no longo prazo e que, via Paradoxo de Eas-

---

20 Já mencionamos que essa comparação internacional pode estar obscurecida (além dos aspectos genéticos que acabamos de mencionar) por variáveis culturais, de linguagem.

terlin, não se alterariam, no curto prazo uma das bases para avaliar o bem-estar é comparar a situação atual com o passado.

O Peso dos "Outros" ou a Renda Relativa com Respeito a um Grupo de Comparação

Easterlin (1995), sempre provocativo e instigante intelectualmente, introduz um novo desafio. Como acabamos de argumentar, à medida que a renda aumenta, essa elevação possibilita o acesso a um leque maior de bens e serviços, que se traduziria em maior bem-estar. Porém, e aqui vem a singular provocação de Easterlin, se o aumento de renda é para todos, a elevação reportada de felicidade não se concretiza. Vamos ilustrar uma situação hipotética: suponhamos uma sociedade composta por dois indivíduos, um ganhando 100 e outro 1.000 no momento inicial. Posteriormente os rendimentos são 110 e 1.100. Pelo argumento da base de comparação ser o passado imediato, o índice de felicidade dessa sociedade deveria ter-se elevado: os dois indivíduos apresentaram uma elevação nos seus níveis absolutos de renda. Ou seja, a sua fronteira de possibilidades de consumo elevou-se. Mas, muito provavelmente, as autodeclarações de felicidade não se alteraram. Essa imutabilidade pode se nutrir de um novo fenômeno: a base de comparação pode ser o vizinho e, nesse sentido, as posições relativas não se alteraram. O indivíduo que menos ganha continua observando que sua renda é 10% da renda de seu concidadão, e o de maior salário recebe 10 vezes mais que o outro. Assim, se as bases de comparação (ou seja, o parâmetro que alimenta a autodeclaração de felicidade) são a renda relativa (a sua renda comparada à renda dos outros) e não a própria renda no passado (comparação entre sua renda absoluta hoje e no passado recente), o bem-estar não será alterado. Em outros termos, o que conta seriam as rendas relativas e não as absolutas e o sentido seria negativo: quanto mais os outros ganham com respeito à minha renda, menos feliz eu seria. Nesse sentido, na literatura, muitas vezes se denomina esse fenômeno de "Efeito Inveja".

Mas quais seriam os grupos de referência ou os grupos de comparação? Podem ser vários. Por exemplo, o entorno familiar, o grupo profissional, o círculo de amigos, vizinhos. Tomemos o caso, talvez o mais ilustrativo, do grupo profissional. Imaginemos que um empregador eleve o salário de um empregado, mas mantenha os rendimentos dos outros. Se a renda absoluta é o fator relevante, o índice de felicidade do grupo profissional deveria aumentar (eleva-se o bem-estar daquele que foi beneficiado e permanece inalterado o dos outros). Contudo logicamente que aqueles não contemplados no aumento experimentarão uma deterioração em seus níveis de satisfação. Assim o relevante não será a renda absoluta, senão a relativa.

Rendas Relativas: o pioneirismo de Keynes

A Economia da Felicidade é um campo de pesquisa muito recente. As insatisfações com o PIB como indicador de bem-estar, as questões ecológicas e as pesquisas sobre os níveis de bem-estar e qualidade de vida ganharam relevância nas últimas décadas. Nesse sentido, os grandes teóricos da economia (Smith, Ricardo, Marx, Keynes), apenas marginalmente, mencionaram esses temas e, quando o fizeram, podem ser assemelhados a uma nota de rodapé que complementavam ou eram acessórios à linha principal de sua obra.

No caso específico de Keynes, o debate sobre os limites sociais ao crescimento, a questão da estagnação de longo prazo, a insaciabilidade, o tempo livre, temas que temporalmente estão presentes no debate diário hoje, foram de alguma forma abordados em diversos de seus textos. Por exemplo, no texto *As Possibilidades Econômicas para nossos Netos* (texto de 1930 incluído nos ensaios em *Essays in Persusion* (Ensaios em Persuasão) destinados a um público mais amplo e popular que o círculo dos economistas) vislumbra um futuro para as próximas gerações no qual "o problema econômico seria resolvido", a produtividade teria crescido de tal forma que abriria espaço para um tempo livre dedicado às artes, à contemplação. As necessidades fisiológicas estariam totalmente superadas e as outras necessidades (os "valores da vida", nas suas palavras) seriam verdadeiramente insaciáveis. Esse mundo idealizado por Keynes deveria ser atingido, segundo ele, em cem anos (ou seja, em torno de 2030). Como vemos, é um debate contemporâneo, que diz respeito a uma agenda vinculada a aspectos pesquisados pela economia da felicidade.

Mas existe um aspecto que é crucial em toda a argumentação das variáveis que determinam os estados autodeclarados de bem-estar. Como vimos, nas modernas pesquisas na área de economia do comportamento (que complementam, subsidiam e outorgam uma ancora empírica aos estudos sobre a felicidade) o relevante não é a renda absoluta, senão a renda relativa, a nossa posição com respeito a um grupo de comparação. Essa perspectiva foi aceita na literatura muito recentemente. Contudo Keynes antecipou esse argumento na sua *Teoria Geral*, ou seja, em 1936. Para ele, os sindicatos de assalariados não brigam por um nível de salário nominal em termos absolutos, senão relativos. O parâmetro de comparação não é um rendimento ideal, um objetivo abstrato a ser atingido. A base de comparação para a pauta reivindicativa são os rendimentos auferidos por outras categorias de trabalhadores; essa seria a bússola. Vejamos que o diz Keynes (1936, 1982, p. 31):

> *A consequência da união de um grupo de trabalhadores é a proteção de seu salário relativo. O nível geral dos salários reais depende de outras forças do sistema econômico.*

Mais para a frente (p. 196) ele volta a argumentar:

> *Embora a luta pelos salários nominais tenha por fim essencial, como já assinalamos, manter um elevado salário relativo[...]*

Os economistas modernos sempre criticaram em Keynes essa tendência a fazer afirmações sem a devida fundamentação microeconômica. Ou seja, as propostas de Keynes na sua *Teoria*

Geral não teriam uma âncora analítica adequada. Por exemplo, por que os assalariados ou os indivíduos em geral olhariam os salários dos outros (um grupo de comparação) como parâmetro para autoavaliar seu bem-estar? O bem-estar não deveria estar em função de *sua* renda, *seu* consumo e não da renda ou consumo dos demais? Realmente, pautar a autoavaliação do bem-estar em função dos outros é pouco compatível com os pressupostos do *Homo economicus* tradicional, o utilitarista-hedonista-consumista tradicional. Só os modernos experimentos da economia comportamental atestam a prevalência da comparação sobre o absoluto. Por que? Keynes não sabe as causas, mas responde (p. 27):

> *Todavia, lógica ou ilógica, a experiência prova ser este, de fato, o comportamento do trabalhador.* [21]

Com a maior circulação de bens culturais (filmes, séries de TV) e o trânsito de pessoas (turismo), os grupos de referência podem ter se internacionalizado. Assim os habitantes de países de renda média (como o Brasil) ou pobres podem ter seu bem-estar pautado pela observação do cotidiano em países que tenham renda *per capita* muito superior a sua e, nesse sentido, sacrificam o bem-estar subjetivo. Fluxos migratórios descontrolados dos países da periferia mundial para as nações mais desenvolvidas podem não estar alheios ao efeito da renda relativa sobre a felicidade sentida.

---

[21] Na realidade, Keynes apresenta esse "argumento" para outra suposta irracionalidade dos assalariados. Os sindicatos aceitam quedas no salário real provocadas pelo aumento dos preços, mas não consentem reduções a partir de decréscimos nos valores nominais. Sobre a racionalidade, essa posição é tão difícil de justificar como aquela que olha a situação do vizinho para saber o seu grau de bem-estar.

💰 Felicidade, Renda Relativa, Inveja e Expectativas

Temos, assim, duas características da psicologia humana que devemos reter: a capacidade de adaptação e a relevância da renda relativa e não a absoluta (a confrontação com um grupo de comparação, que pode ser ele próprio no passado ou, via "inveja", "ciúmes" ou "ostentação", o vizinho, os amigos, o grupo profissional). Contudo ambos os fenômenos (adaptação e comparação) têm fases de interseção e, nesse sentido, é o binômio adaptação/comparação com ele próprio que se retroalimenta. Ilustremos com um exemplo: um indivíduo tem, hoje, um salário de 50. Em um momento posterior o rendimento aumentou para 100. A autodeclaração de felicidade, com certeza, aumentou. Porém esse salário de 100 deve, com o transcorrer do tempo, ser o novo "normal", a nova base de comparação. Se o mesmo não se altera no futuro, o bem-estar subjetivo vai sofrer uma deterioração porque sua posição não muda com respeito a seu passado ou, desde outra perspectiva, porque sua renda relativa (relativa a ele mesmo) não se altera. Ele se adaptou e o novo normal é sua base para a comparação relativa. Nos próximos parágrafos, vamos nos concentrar nesses aspectos com mais detalhes.

Como vimos no Capítulo 1, a economia convencional imagina que todo indivíduo tem as seguintes informações: seus gostos, sua renda (ou a restrição orçamentária) e os preços dos bens. Dado esse referencial, a pessoa aloca sua renda para maximizar sua utilidade (bem-estar). Observemos que a renda de outras pessoas ou sua renda no passado não influenciaria seu nível de bem-estar. Contudo essa racionalidade não parece representar a psicologia humana. Tomemos o seguinte exemplo de Solnicka e Hemenway (1998). Assumamos que um indivíduo (A) tem de escolher entre duas hipóteses. A primeira opção é um emprego no qual seu salário é de 100 e tem de conviver com outro trabalhador com rendimento de 50. Pensemos em um segundo cenário alternativo no qual a esse mesmo indivíduo A é oferecida uma renda de 200 e seu colega de trabalho um salário de 180. O raciocínio convencional em economia nos diria, sem sombra de dúvidas, que o cenário escolhido seria o segundo, uma vez que o salário nesse caso é 100% superior. Contudo experimentos realizados questionam essa lógica. Grande parte dos participantes nas pesquisas escolhem o primeiro, uma vez que a posição relativa é superior (não obstante o salário, em termos absolutos, ser menor).

Desses argumentos podemos concluir que: para um indivíduo manifestar uma elevação na sua autodeclaração de felicidade, a sua renda tem de estar em contínuo crescimento (devido ao "efeito adaptação") e a taxa de variação deve ser maior que a de seu grupo de comparação (a causa do "efeito inveja").

Esse fato já nos coloca diante de um sério problema. Suponhamos que temos uma sociedade com dois indivíduos, um ganha 100 e o outro 50. Assumamos que, em um momento posterior, o primeiro permanece com seu salário constante e o segundo logra elevar o seu para 60. O ganho, com relação à felicidade, para o segundo vai ser líquido e certo, uma vez que reduziu o diferencial com o outro cidadão (ganho relativo ao outro indivíduo) e com relação à sua situação anterior. E no agregado da sociedade? Não sabemos, uma vez que, com certeza, houve uma deterioração do bem-estar subjetivo do primeiro (queda nos rendimentos relativos e estagnação do salário).

Mas, em cada momento do tempo, o ser humano imagina um futuro que pode ou não se concretizar. Quando esse futuro se tornar presente, ele poderá não comparar a sua renda hoje com a que percebia no passado, senão comparar a sua renda hoje com a que tinha imaginado, no passado, que seria a atual. O hiato entre suas expectativas e a realidade alimenta o bem-estar hoje. Assumamos, a fim de ilustração, que um cidadão tem, hoje, um rendimento de 100. Ele imagina que, em dado momento do futuro, o salário terá aumentado para 200. Quando esse instante for presente, o rendimento poderá ser de 150. Qual será a sensação de bem-estar? Difícil de antecipar o saldo. Por uma parte temos que a comparação com o passado sugere um impacto positivo (o salário aumentou de 100 para 150), mas suas expectativas se frustraram (esperava uma renda de 200). A resposta fica mais em aberto uma vez que no balanço a comparação com um grupo de referência vai pesar.

💰 Fundamentos Darwinistas de nossa Racionalidade

A racionalidade que se deduz das modernas pesquisas e experimentos vai na direção de um resultado em aberto: não podemos deduzir, a priori, qual vai ser o saldo em relação ao bem-estar agregado de alterações no PIB e sua distribuição. Só é factível identificar um corolário forte: o PIB precisa crescer. Com um PIB estagnado, os valores de felicidade declarados vão se deteriorar (efeito adaptação). Conforme Clark e Oswald (1996) e Luttmer (2005), a questão da comparação com um grupo de referência também é consensual, e quanto maior a distância, maior será a sensação de bem-estar (para os ganhadores) e deterioração (para os que perdem em termos relativos). Nesse sentido, alterações no perfil distributivo de uma sociedade com certeza modificam os indicadores de felicidade, só que não somos capazes de saber a direção.

Essa base de comparação interna ao próprio indivíduo (seu passado) ou externa (um grupo social de referência) parece estar inscrita no DNA do ser humano. A relevância desses fatores (mais adiante neste capítulo assinalaremos forças opostas) parece não estar sujeita à polêmica, uma vez que está bem ancorada em exercícios experimentais (seja na psicologia seja na economia comportamental). Os economistas tentaram aliar essa racionalidade (comparação com seu próprio passado e com um grupo de referência) com a formatação dos sentimentos e sensações esculpidos em um longo processo de seleção natural darwinista (Rayo; Becker, 2007a, 2007b).[22]

Como todo sentimento, sensação no ser humano, em termos científicos, a raiz deve ser procurada na evolução, na seleção natural. Aqui encontramos um problema comum em economia: a relação de causalidade. Uma pessoa geneticamente propensa a ser feliz tende a ser, por exemplo, mais sociável, e, nos primórdios da evolução do *Homo sapiens* (caçadores-coletores), a sociabilidade poderia se relevar de crucial importância para a sobrevivência. Em outras palavras: a probabilidade de passar seus genes (de sobreviver e deixar uma extensa prole como descendência) era maior nos indivíduos que eram, geneticamente, mais felizes. Todavia, em cada momento do tempo, levar adiante uma avaliação requereria algum parâmetro de comparação e, nesse processo, seu passado e/ou algum grupo referencial seriam os candidatos naturais para realizar o balanço. Se um caçador-coletor capturou uma quantidade de presas em um dado dia, para qualificar a mesma (boa, regular ou má) deve ter algum parâmetro de comparação. As pressas obtidas

---

[22] Um desses autores é Gary Becker (1930-2014), talvez o principal teórico que estendeu a área de atuação da economia além dos clássicos problemas de inflação, crescimento. A obra de Becker utiliza o instrumental analítico da economia convencional para refletir sobre a racionalidade do comportamento em áreas como educação, família (quantidade de filhos, por exemplo), crime, discriminação, drogas. Por suas contribuições nas áreas de comportamento recebeu o Prêmio Nobel de Economia em 1992.

no seu passado podem ser um bom critério de avaliação, mas o entorno (o clima, por exemplo) pode ter influenciado. Para aferir seu desempenho retirando a influência de fatores externos e incontroláveis (como o clima), a base natural de referência é o resultado obtido por outros caçadores-coletores. Assim observamos que os parâmetros internos (passado) e externos (grupo de referência) para cotejar nossa situação pode ser uma racionalidade adquirida em milhares de anos de seleção natural darwinista e incorporado aos nossos genes.

A proposição central é: a sensação de bem-estar individual não seria produto do consumo ou a renda absoluta em um determinado momento, senão o produto de comparações, ou seja, o relevante seria a posição relativa (com seu próprio passado e com o grupo de comparação). Nesse sentido, quanto maior for o crescimento com respeito a nosso próprio passado e quanto maior a distância com um grupo de controle (família, vizinhos, amigos, grupo profissional), maior seria a sensação de felicidade.[23] Confrontar a situação pessoal, hoje, com um grupo de referência e com o seu próprio passado e avaliar negativamente sua condição induz a um sentimento de frustração que degrada sua autodeclaração de bem-estar (Senik, 2009).

Logo o consumo merece não ser assumido da forma que é comum ao modelo standard, no qual um bem (pelas suas características) satisfaz um gosto individual. A satisfação no consumo ou a posse de um bem advém de sua singularidade, pode ser assumida como um sinal (ostentação) e adquire um caráter "posicional" (socialmente) do mesmo. A utilidade dada pela compra e utilização de um relógio ou uma roupa de grife muito exclusiva e de elevado preço não viria preponderantemente de sua beleza, estilo, senão de sua contribuição a assinalar uma posição relativa em um grupo, sugerir uma posição na hierarquia social.[24]

---

[23] Devemos ter cuidado com as generalizações e o significado da importância das rendas relativas sobre o nível de felicidade. Se bem existe um consenso quase unânime da relevância das rendas relativas e não das absolutas, também podem ser identificados indícios de que os indivíduos que mais se comparam mais infelizes se declaram (ver Clark e Senik, 2010).

[24] No limite podemos chegar aos denominados Bens Veblen, cuja demanda aumenta com o preço (na medida em que são típicos bens posicionais). O nome se deve ao economista estadunidense Thortein Veblen (1857-1929) que teorizou sobre o consumo ostentação no seu clássico livro *The Theory of the Leisure Class* (1899). O termo "bens posicionais" é atribuído ao economista austríaco (nasceu na Áustria mas desenvolveu sua vida profissional na Inglaterra) Fred Hirsch (1931-78) em seu livro *Social Limits to Growth* (1978).

Assim a correlação positiva que pesquisas encontram (e que constitui uma das facetas do Paradoxo de Easterlin) entre renda e felicidade (quanto maior a renda, maior a felicidade), dentro de cada país e em um momento do tempo, se nutriria basicamente da posição relativa: quanto mais rico um indivíduo, maior seria sua posição na hierarquia social, e é justamente a escala nesse ordenamento a fonte de sua autodeclaração de felicidade. Ou seja, o bem-estar não seria oriundo do consumo de forma direta (como supõe o modelo padrão), mas sim da ostentação que a renda, via consumo, viabiliza.

Portanto estamos diante de dois aspectos que devemos avaliar com certa atenção.

O primeiro diz respeito ao crescimento econômico. Sem crescimento (sem aumento da renda ou do consumo) não teríamos elevações do bem-estar. Uma sociedade estagnada teria como corolário uma deterioração dos indicadores de felicidade. Ao nos adaptarmos a um determinado nível de consumo, o nível autodeclarado de bem-estar retrocede: ao comparar a situação atual ao nosso próprio passado e constatar que não houve alterações, cai a autopercepção de nossa situação.[25] O segundo aspecto diz respeito à posição relativa: o relevante (na autoavaliação de sua vida) não seria o absoluto, senão a posição que cada um ocupa em um dado grupo de referência (renda relativa).

💰 O Efeito Túnel

Contudo, paralelamente a esse sentimento de comparação que redunda em uma avaliação negativa (positiva) se a posição do grupo de referência é superior (inferior) à nossa, existe outra sensação que diz respeito às expectativas quanto ao futuro. Ou seja, estamos chamando uma dimensão temporal que até agora tínhamos dado uma importância secundária: o futuro.

Com efeito, até agora a base de comparação que um indivíduo utilizava para avaliar seu grau de bem-estar era seu presente (seja em termos absolutos ou relativos) e seu próprio passado. Mas outra base de comparação é o

---

[25] Esse argumento se reforçaria no caso de levar em consideração os nossos filhos, netos. Se o futuro que vislumbramos para os nossos filhos é similar ao nosso, o bem-estar autodeclarado pode conhecer uma deterioração. Sobre o ponto, ver o Índice de Felicidade e a Dimensão Temporal, neste capítulo.

futuro. Já mencionamos que, em todo momento do tempo, os indivíduos têm aspirações ou expectativas sobre o seu amanhã e uma forma de avaliação consiste em comparar sua situação atual com as projeções que realizou no passado. Em outros termos: a distância entre as aspirações tidas (no passado) e as realizações ou seu grau de frustração. Mas as aspirações tidas no passado significavam fantasiar cenários futuros. Assim a comparação entre o presente e os estados futuros idealizados redunda em bem-estar presente. Se idealizamos um amanhã superior ao presente (maior nível de renda, maior realização profissional), o bem-estar hoje pode ser afetado. Contrariamente, se conjecturamos um futuro de baixo salário, instável quanto à ocupação, nosso bem-estar presente se verá penalizado.

Contudo, nessa perspectiva, a trajetória do grupo referencial pode adquirir outro significado ao assinalar uma potencialidade futura para nós mesmos. Se o conjunto com o qual nós estamos cotejando apresenta um dinamismo que os distancia de nós, por um lado o nosso bem-estar será afetado negativamente ("efeito inveja"), mas, por outra parte, pode estar indicando que o futuro está aberto para o progresso, não estamos em um mundo estagnado. Assim duas forças, com direções opostas, entram em jogo: a "inveja" e um futuro possível que é mais satisfatório que o presente (Senik, 2005, 2008). Essa sensação de futuro promissor ou factível recebe o nome, devido a Hirschman e Rothschild (1973), de "Efeito Túnel". Essa denominação surge ao realizarem um paralelo com um hipotético engarrafamento em um túnel. Um motorista, ao observar que a fila do lado avança, nutre a esperança que o bloqueio esteja no fim, que proximamente sua própria fila vai começar a se movimentar ou vislumbra a possibilidade de mudar de fila. Em todo caso, o deslocamento dos carros ao lado não provoca uma sensação de "inveja", senão um sentimento de esperança. Portanto temos duas dimensões, uma vinculada à comparação (o que reduz nosso bem-estar pela "inveja") e uma segunda dimensão informacional, que nos proporciona esperanças, indicando a possibilidade de, no futuro, alterar positivamente a nossa situação.

Todavia o efeito positivo sobre o bem-estar individual de uma melhora no nosso grupo de comparação não se esgota no "Efeito Túnel". Diferentes relações e explicações podem ser imaginadas e são encontradas nos trabalhos empíricos (Kingdon; Knight, 2007), por exemplo. Assim, se meu grupo familiar próximo aumenta sua renda, pode me proporcionar segurança, uma vez que, em caso de algum evento catastrófico me afetar, poderei contar com um possível amparo. Quando a sociedade tem algum tipo de segregação racial, étnica, religiosa, progressos em membros do mesmo grupo podem nos orgulhar e ter impacto positivo no nosso bem-estar (hedonismo altruísta com algum grupo próximo de pertença e comparação).[26] Aumentos na renda dos vizinhos do bairro também podem elevar o nosso bem-estar, uma vez que o entorno pode se valorizar e elevar a diferenciação quanto a distritos mais distantes.[27]

💰 Distribuição de Renda e Felicidade

A leitura dos parágrafos anteriores deve ter introduzido no leitor certo desconforto e várias perplexidades.

Quanto ao desconforto, sem dúvidas a economia da felicidade chega a algumas constatações radicais. Se o modelo tradicional em economia assumia o denominado *Homo economicus*, um sujeito no qual o hedonismo consumista monopolizava suas fontes de prazer e utilidade, agora observamos que a sua racionalidade pode ser mais "perversa". O bem-estar, doravante, não estaria no seu consumo (hedonismo consumista), senão na comparação de sua posição relativamente a consumo, renda, entre outros, com seus semelhantes (grupos de referência) e seu passado. Quanto maior for essa distância, maior sua sensação de felicidade. Sem crescimento e sem desigualdade parece difícil fugir de uma deterioração dos indicadores de bem-estar. No tocante ao crescimento, o resultado é mais ou menos óbvio: na medida em que a base é o passado e devido ao processo de perpétua adaptação do ser humano, manter ou elevar o grau de bem-estar só é factível mediante o aumento permanente do nível de renda ou da disponibilidade de bens e serviços. Veremos no Capítulo 5 que essa elevação infinita pode encontrar limites ambientais ou mesmo sociais, e é factível de ser vislumbrada a possibilidade de substituição entre bens e serviços mercantis e coletivos ou

---

[26] O termo de "hedonismo altruísta" é muitas vezes atribuído a John Stuart Mill, o intelectual a quem são atribuídas as perspectivas de cunho mais social dentro da escola utilitarista inglesa (ver Capítulo 1).

[27] Os resultados empíricos de aumento da renda de vizinhos sobre o bem-estar individual são diversos. Ver Luttmer (2005) para efeitos negativos (o "efeito inveja" seria preponderante) e pesquisas com impactos positivos (Clark; Westergård-Nielsen; Kristensen, 2009).

não mercantis (tempo livre, ar puro). De todas formas, não importa a qualificação que se possa outorgar ao futuro (mais bens transacionados no mercado ou mais bens de uso coletivo), o ponto que devemos reter é: o futuro deve ser percebido como sendo superior ao presente, caso contrário o nível de felicidade hoje registrará uma degradação.

No que diz respeito à desigualdade os nexos são mais complexos. Reduzir a distância entre rendimentos com certeza deteriorará os índices de felicidade daqueles situados nos segmentos superiores da distribuição. Contrariamente, aumentará naqueles localizados nos decis inferiores. O balanço fica em aberto. Em termos analíticos, assumir, a priori, que uma sociedade mais igualitária é, sempre, mais feliz que uma com elevados índices de desigualdade não se sustenta. Pode ser, é uma possibilidade, mas não podemos descartar o contrário. Observemos que este raciocínio independe da utilidade da renda para o indivíduo. Historicamente, o utilitarismo parecia favorecer analiticamente as sociedades mais igualitárias. Com efeito, R$ 10 nas mãos de um indivíduo que ganha 100 teria um impacto sobre seu bem-estar superior ao mesmo montante em uma pessoa que ganha 1.000.[28] Assim, se o governo desenha uma política de redistribuição taxando em R$ 10 aquele assalariado com proventos de 1.000 e os direciona àquele que percebe 100, a felicidade dessa sociedade teria de aumentar. Contudo, uma vez que a sensação de bem-estar depende dos salários relativos e não dos absolutos, o saldo fica em aberto, dado que não sabemos qual vai ser o balanço entre ganhos e perdas.

Nesse sentido, a resposta teria de ser procurada nos dados, nas avaliações empíricas. Existem indícios de que as sociedades mais igualitárias apresentam índices de felicidade superiores aos dos países mais desiguais, e que os vínculos podem estar mediados por perspectivas culturais particulares. Alesina, Di Tella e MacCulloch (2004) encontram evidências de uma correlação negativa entre felicidade e desigualdade: quanto maior o grau de desigualdade, menores os índices de felicidade. No entanto, essa correlação negativa é mais acentuada na Europa que nos EUA. Na Europa, a sensação de bem-estar (na prática, "mal-estar") dos pobres devido a elevados índices de concentração seria maior, uma vez que identificariam sua situa-

---

[28] Quanto à linguagem de economistas, o comportamento da utilidade marginal do dinheiro é a usual para qualquer bem: positiva, mas decrescente.

ção como produto de uma injustiça (prevaleceria o "efeito inveja"). Contrariamente, nos EUA, a situação seria contrária, prevalecendo o "efeito túnel". Por quê? Alesina, Di Tella e MacCulloch sugerem variáveis culturais na explicação. Nos EUA o "trunfo" ou o "fracasso" são preponderantemente atribuídos às características individuais (esforço, dedicação, empreendedorismo) e não à sorte, relações individuais como na Europa. O mito do *self-made man*, inscrito no DNA da formação cultural dos EUA, transmite a ideia de uma possível ascensão social que depende de cada um. Nos pobres predomina o "Efeito Túnel"; veem os ricos como um futuro que pode ser o deles caso se esforcem ou cultivem certas "qualidades". Na Europa, uma vez que a cultura vincula renda à sorte e conexões, e não ao esforço, maiores os índices de desigualdade, em geral penalizam o bem-estar.

Dadas as premissas teóricas que apresentamos neste capítulo, no próximo vamos afunilar a nossa análise, explorando as variáveis concretas que alimentam a sensação de felicidade. Assim sendo, olhares teóricos e resultados de pesquisas empíricas ocuparão o centro de nossas atenções.

CAPÍTULO 3

As Raízes Econômicas da Felicidade

> **❝** O objeto declarado da investigação do Dr. Adam Smith é a natureza e as causas da riqueza das nações. Há outra pesquisa, no entanto, talvez ainda mais interessante, que ocasionalmente mistura-se com esse objeto, quero dizer uma investigação sobre as causas que afetam a felicidade das nações... **❞**
>
> *Thomas Malthus*

A renda, como vimos nos capítulos anteriores, talvez seja o símbolo mais evidente (e estudado teórica e empiricamente) dos nexos que podem existir entre economia e felicidade. Mas, com certeza, não é o único. Inclusive, no debate público e nas propostas de políticas, no objetivo dos governos para elevar o bem-estar das populações, a renda pode, no curto prazo, ser não um fim, senão um meio, sendo o fim a elevação do nível de emprego (ou a redução do desemprego). Nesse sentido, o crescimento do PIB é procurado, dado que apenas, supõe-se, mediante sua elevação é possível gerar mais oportunidades de emprego.

O raciocínio que fundamenta esse argumento é extremamente simples e podemos apresentá-lo da forma que se segue. Assumamos que em um período (um ano, por exemplo) estão empregados 100 assalariados que produzem 100 carros. A produtividade é de 1 carro/ano por trabalhador. Se pretendemos empregar mais pessoas (suponhamos 110), o número de carros que deve ser produzido (se a produtividade não muda) é de 110. Ou seja, a oferta de novas oportunidades de emprego vai *pari passu* com o crescimento. Podemos discutir a relação de causalidade (o aumento do emprego gerou a elevação do PIB ou o crescimento induziu um maior nível de emprego), mas certamente é consensual que existe um estreito nexo entre crescimento do PIB e aumento do emprego.[1] Obviamente, diante de um crescimento da produtividade, o dinamismo do PIB necessário para gerar certo montante de emprego será maior ou, no caso da relação de causalidade assumida ter a direção contrária, um dado aumento do emprego terá como corolário maior crescimento do PIB se a produtividade estiver aumentando.

Se o objetivo de todo governo é aumentar as oportunidades de emprego para a população (e sobre esse ponto não existe muita controvérsia), implicitamente estamos assumindo que o emprego, *per se*, gera bem-estar. Paradoxalmente, o modelo econômico aplicado comumente está bem distante de ancorar analiticamente esse suposto. Nos próximos parágrafos vamos apresentar e avaliar essa aparente (ou talvez não tão aparente) esquizofrenia.

💰 O Status do Trabalho na Perspectiva Hedonista-Utilitarista-Consumista

O cerne dos vínculos entre utilidade, trabalho, lazer e consumo é geralmente situado na obra do economista inglês William Stanley Jevons (1835-82), reconhecido como sendo um dos teóricos que assentaram as bases do que hoje é o modelo standard (ou modelo neoclássico). Como bom utilitarista, Jevons argumentava que o bem-estar (ou a utilidade, no seu jargão) era produto do consumo e do lazer. Nessa perspectiva hedonista, o trabalho não alimentava o bem-estar, senão o contrário, era fonte de desagrado ou desprazer ou desutilidade. Nas palavras de Jevons (1996, p. 145):

---

[1] A definição da relação de causalidade (aumento do PIB → emprego ou emprego → elevação do PIB) é uma controvérsia divisora de águas de escolas de pensamento econômico. Resumindo, podemos dizer que aqueles que assumem que o crescimento do PIB é requisito para a oferta de novas vagas são, de algum forma, vinculados às correntes keynesianas. Contrariamente, os teóricos que sustentam que o crescimento é um subproduto do nível de emprego determinado no mercado de trabalho são conhecidos como fazendo parte da escola clássica. O debate clássico–keynesiano pode ser caracterizado como um Fla–Flu na história do pensamento. Como foge a nossos objetivos, negligenciaremos esse debate. O leitor interessado pode consultar Ramos (2012).

> *O trabalho é o esforço penoso a que nos submetemos para evitar sofrimentos de maior intensidade...*

Para Jevons, o trabalho é sinônimo de esforço, dor, desconforto e, nessa perspectiva, ser realizado requer compensação. Se uma atividade é efetuada por divertimento, por definição, não é trabalho.[2] Assim a quantidade de trabalho que um indivíduo vai ofertar no mercado é uma questão possível de ser exposta em relação ao habitual problema de maximização da utilidade. Essa perspectiva, com o tempo, foi sofisticada (Hicks, 1932, 1939) mas, na sua substância, o contorno que hoje pode ser encontrado nos corriqueiros livros de microeconomia tem suas bases na obra de Jevons.

Segundo esse prisma, a utilidade de um indivíduo advém de seu consumo e de seu ócio/lazer.[3] O ócio/lazer diz respeito a uma situação um tanto indefinida mas, basicamente, seria não trabalhar. Ou seja, não trabalhar (não importa a atividade realizada no tempo de não trabalho) constituiria uma fonte de bem-estar. Trabalhar, por outra parte, gera desutilidade, mas permite receber um salário, e mediante ele acedemos a outra fonte de bem-estar, o consumo. Essas relações de causalidade estão representadas na Figura 3.1.

🖼 **Figura 3.1**

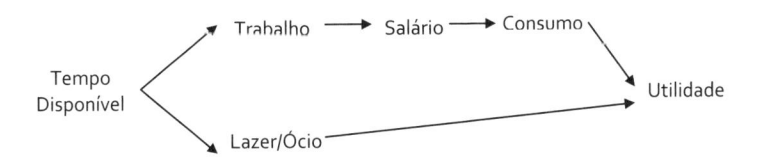

Fonte: Elaborado pelo autor

---

[2] Jevons (1996, p. 145), fazendo jus à sua cultura inglesa, apresenta o exemplo de um jogo de críquete. Ele requer esforço do corpo e da mente. Porém, no caso de ser realizado por divertimento, não pode ser catalogado como trabalho.

[3] No jargão técnico, a função de utilidade tem como argumentos o consumo e o lazer: $U = U(C;l)$, onde C = consumo e l = horas de lazer (por unidade de tempo). As derivadas parciais são ambas positivas mas decrescentes ($Uc > 0$; $Ucc < 0$; $Ul > 0$; $Ull < 0$).

Como um indivíduo distribuirá seu tempo entre trabalho e lazer/ócio será o resultado de um processo de otimização (maximização da utilidade), em que a restrição será o tempo disponível a ser oferecido, o custo da cesta de bens a ser adquirida e a renda.[4] Mas o raciocínio do processo é mais ou menos o seguinte. Um indivíduo pode ficar sem fazer nada (lazer/ócio) na sua casa e dessa inatividade obtém bem-estar. Ele pode ganhar um salário no mercado, mas trabalhar é, nas palavras de Jevons, penoso, doloroso, requer esforço (físico ou intelectual) e, portanto, reduz o nosso sentimento de felicidade. Contudo esse esforço viabiliza o consumo, atividade que nos proporciona bem-estar. Então o nosso agente maximizador trabalhará (em horas) até o ponto em que o bem-estar que lhe proporciona o consumo seja equivalente à perda de utilidade que redunde em abrir mão do lazer/ócio. Nesta perspectiva, o salário será o preço que o indivíduo paga por renunciar ao seu lazer/ócio.

Desse arcabouço conceitual podemos inferir vários corolários.

Qual será o impacto de uma elevação do salário sobre a participação do indivíduo no mercado de trabalho? A priori não sabemos, pode aumentar, cair ou permanecer constante. Observemos que, quando o salário aumenta, ficar em casa se torna mais caro (perdemos mais por permanecermos inativos). Ou seja, temos uma tendência a aumentar a nossa participação no mercado. Mas, por outra parte, temos mais renda, e nesse sentido podemos demandar mais tempo livre (tempo de não trabalho) para desfrutar. Qual das duas forças prevalecerá? Em termos teóricos é uma questão em aberto. Em princípio, quanto mais rico for um indivíduo, maior será sua tendência a demandar tempo livre. Uma ilustração dessa possibilidade pode ser representada pelas negociações salariais nos países de elevada renda do norte da Europa. Na ocasião das negociações anuais, as elevações de produtividade podem ser transformadas em dois tipos de ganhos: maiores salários ou, mantendo o salário, redução da jornada de trabalho.[5] Em não poucas ocasiões, os grandes sindicatos demandam reduções da carga horária revelando que os ganhos que teriam de aumentar o tempo de lazer/ócio superam os proveitos que

---

[4] Basicamente essa é a lógica da abordagem do modelo padrão, não obstante esse arcabouço poder ser flexibilizado para representar distintas situações: o indivíduo tem uma renda além da que possa obter no mercado de trabalho, ele pode se endividar ou não. Essas possibilidades podem alterar a situação de equilíbrio atingida no processo de otimização, porém não alteram a essência dos argumentos que exporemos nos próximos parágrafos.

[5] Ou, obviamente, uma combinação de ambas as possibilidades.

possam colher de um maior consumo. Nos países menos desenvolvidos, essa possibilidade é mais remota, e as negociações são monopolizadas pelos aumentos de salários.

Um segundo corolário diz respeito ao mínimo salário a partir do qual o indivíduo avalia a possibilidade de participar ou não do mercado de trabalho. Esse menor valor recebe o nome de salário de reserva. Esse salário de reserva pode ser produto das preferências de cada indivíduo, da renda da família, da existência ou não de rendas alternativas. Um dos aspectos mais estudados na literatura especializada diz respeito à importância do seguro-desemprego na determinação desse salário de reserva, nos incentivos à procura de emprego e na duração do desemprego.[6] Observemos que, na interpretação que surge do arcabouço do modelo standard, a pessoa que está recebendo uma renda sem trabalhar (o beneficiário do seguro-desemprego) estaria no melhor dos mundos (a renda possibilita consumo que, por sua vez, impacta positivamente no seu bem-estar e não trabalhar também contribuiria positivamente com a sensação de felicidade).

Dos dois parágrafos anteriores podemos concluir que o impacto do desemprego sobre a sensação de bem-estar é, teoricamente, ambíguo. Depende das preferências de cada indivíduo, dos benefícios do seguro-desemprego, da renda da família, das perspectivas de encontrar emprego. Diante dessa ambiguidade, somente o resultado das pesquisas empíricas pode nos dar uma resposta. E as respostas não parecem deixar margem para dúvidas: a situação de desemprego deteriora a autodeclaração de felicidade nas pesquisas (ver, por exemplo, Winkelmann; Winkelmann, 1998; Clark; Georgellis; Sanfey, 2001; Di Tella; MacCulloch; Oswald, 2001; Stavrova; Schlösser; Fetchenhauer, 2001). Aqui não existe ambiguidade nos dados. Contextos culturais, duração do desemprego, entre outros, são aspectos que podem acentuar ou não o impacto negativo do desemprego sobre a percepção de felicidade, mas todos, absolutamente todos (em um caso de rara unanimidade em economia) os resultados das pesquisas empíricas indicam que o desemprego tem um forte impacto negativo sobre a autodeclaração de bem-estar das pessoas.

---

[6] A literatura sobre o tema é vasta. Em geral, os resultados empíricos tendem a evidenciar que o seguro-desemprego induz maior passividade nas atividades de procura de emprego e eleva o salário de reserva. Ver, por exemplo, Krueger; Meyer (2002).

Na teoria (dado o referencial do modelo canônico sintetizado nos parágrafos anteriores), esses resultados empíricos são de difícil compreensão. Inclusive, parece existir uma aparente contradição. O pagamento do seguro-desemprego desmotiva a procura por trabalho (ver o artigo que já citamos de Krueger e Meyer, 2002), mas essa situação abala de forma notória o sentimento de felicidade. Ao final, se o trabalho é, na perspectiva de Jevons, uma fonte de dor, penas e esforço, por que a falta dele em paralelo ao recebimento de um benefício por estar nessa situação tem profundos e duradouros impactos no bem-estar dos indivíduos? Mesmo que no caso limite de uma situação na qual não exista seguro-desemprego, não se esperaria que a condição de desocupado (pelo bem-estar que proporcionaria não estar trabalhando) gere sempre sequelas negativas no bem-estar individual.

Uma possível resposta diz respeito à renda. Poderia argumentar que, uma vez que o desemprego é capaz de provocar uma abrupta interrupção do fluxo de renda, os imaginados aumentos no conforto provocados por não trabalhar são inferiores às perdas de bem-estar suscitadas pela descontinuidade nos rendimentos (Winkelmann; Winkelmann, 1998). É uma possibilidade. Contudo esses efeitos negativos são observados também em países com um *welfare state* muito generoso, nos quais os benefícios dos seguros-desemprego cobrem (ainda que não a integralidade) parte importante da renda perdida. Mesmo nos países em que o seguro-desemprego brinda cobertura a boa parte dos assalariados, os governos são muito sensíveis à desocupação. A classe política parece perceber com nitidez que o desemprego torna os governos impopulares e esse efeito demonstra que não conseguir ser contratado afeta o estado de ânimo dos indivíduos.[7]

Essa constatação empírica (o impacto negativo da desocupação sobre as autodeclarações de felicidade, a popularidade dos governos, as intenções de voto) leva a questionar um argumento central do modelo standard: será que o trabalho deve ser visto, exclusivamente, como fonte de dor, sofrimento e esforço, e o único objetivo das pessoas ao in-

---

[7] Logicamente, na literatura, o desemprego não é a única variável a abalar a popularidade dos governos e as intenções de voto. Em geral, além dele são geralmente incluídas a taxa de inflação e a variação da renda. Por outra parte, os coeficientes variam de país para país e dentro de cada nação podem se alterar no transcurso do tempo. A literatura sobre o tema (a especificação e cálculo das funções de popularidade de um governo) é muito extensa e foge ao escopo do livro. Só a título de exemplo, consultar Jonung; Wadensjö (1979) e Paldam (1981). Voltaremos ao tema nos próximos parágrafos.

gressar no mercado de trabalho é a renda? Seria uma injustiça atribuir a matriz ideológica desse olhar negativo sobre o trabalho ao utilitarismo em geral e a Jevons, em particular. A desvalorização das atividades produtivas está bem ancorada no pensamento ocidental. O trabalho não era identificado, na Grécia Antiga, como uma atividade nobre, e as tarefas meritórias eram restritas à reflexão, à política. Se acompanharmos a tradição ideológica no denominado mundo ocidental, o trabalho sempre foi entendido como sendo tão somente um meio para obter renda, tendo custos quanto à "desutilidade" (Lane, 1992).[8]

Entrever o trabalho como mera forma de ter acesso ao binômio renda/consumo à custa de sacrifício negligencia o emprego como um fator de socialização dos indivíduos nas sociedades modernas e como a principal forma de integração. No ambiente de trabalho se constroem relações que vão além de simples vínculos trabalhistas. Uma pessoa ocupada e recebendo um salário nutre sua autoestima e a percepção de autonomia financeira. Por outra parte, como evidenciam as inúmeras pesquisas que mostram o impacto negativo da condição de desempregado sobre o bem-estar, a saúde mental, a autovalorização, entre outros, a condição de ocupado não pode reduzir-se à simples dimensão financeira. Um indivíduo sem trabalho se percebe como um improdutivo social diante de si mesmo, de sua família, de seu círculo de amigos. Diferentemente de Jevons e do assumido pelo modelo standard, Claude-Adrien Helvétius, em seu livro *De l'Homme* (Capítulo 2), afirma: "*L'homme occupé est l'homme heureux*" (O homem ocupado é um homem feliz).[9]

Assim temos uma relação complexa e ambivalente, longe da simplificação do modelo padrão que associa trabalho a dor/sofrimento e lazer/ócio a bem-estar. Os dados sobre o impacto negativo da condição de desempregado sobre a autodeclaração de felicidade só podem ser compatíveis com essa ambivalência. Nas sociedades modernas o trabalho é acompanhado de sacrifício e esforço (seja físico ou intelectual), mas também é fonte de bem-estar, outorgando às pessoas um sentimento de pertença e

---

[8] Com relação à etimologia, a palavra "trabalho" vem do latim "tripalium", que era um instrumento de tortura.

[9] Claude-Adrien Helvétius (1715-71) foi um filósofo francês próximo, teoricamente, ao utilitarismo hedonista clássico. *De l'Homme, de ses facultés et de son éducation* (Do Homem, de suas faculdades e de sua educação) é um de seus livros, de 1772 (publicado postumamente; sua morte foi em 1771).

reconhecimento social, autonomia, autovalorização, utilidade social. As relações entre bem-estar, trabalho e ócio parecem melhor representadas na Figura 3.2 que na Figura 3.1.

⊞ Figura 3.2

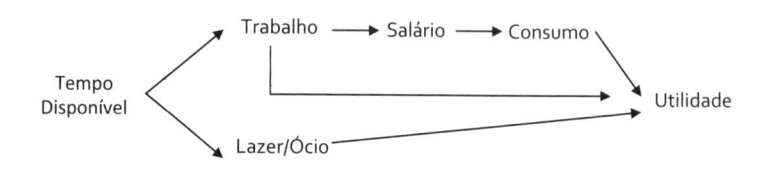

Fonte: Elaborado pelo autor

💰 Os Nexos entre Desemprego e Felicidade: a comparação, sempre a comparação

Se, inequivocamente, o desemprego afeta, negativamente, o grau de felicidade autodeclarado, a intensidade e os nexos entre eles estão sujeitos às mesmas leis que estudamos no capítulo anterior e que pautam a psicologia das pessoas.

São bem sedimentados na literatura os desdobramentos negativos na sensação de bem-estar do indivíduo na condição de desempregado. Diversos estudos (ver, por exemplo, Clark; Knabe; Rätzel, 2010; Clark, 2003; Cohn, 1978) indicam que a posição relativa vai pautar a intensidade do abalo. Com efeito, se um indivíduo perde o emprego em um contexto (nacional, regional, familiar) de pleno emprego, seu sentimento de bem-estar vai ficar muito mais solapado que no caso da desocupação ser generalizada. Por outra parte, se estamos em uma conjuntura na qual o desemprego começa a cair, mesmo estando desempregado a sensação de certo bem-estar pode se instalar na medida em que o indivíduo antevê um cenário de melhora que pode acabar o beneficiando ("Efeito Túnel", ver Capítulo 2). Em uma situação de recessão pode ocorrer o contrário, ou seja, um indivíduo desempregado pode reduzir seu mal-estar à medida que vê seus colegas, amigos e mesmo familiares perderem o emprego, uma vez que sua avaliação vai atribuir sua condição a um contexto macroeconômico desfavorável e não a uma falha individual. A situação do contexto eleva ou reduz as possibilidades de estigma.

A comparação também ocorre no caso dos ocupados que conservam seu emprego. Neste caso, a elevação do desemprego no contexto nacional, regional, familiar, entre outros, gera uma sensação de insegurança que afeta seu bem-estar.

Observemos que, em todos os casos, as interações entre o indivíduo e o contexto se alimentam de uma racionalidade hedonista-individualista e não hedonista-altruísta. Ou seja, a elevação do desemprego no ambiente nacional/regional/familiar, mesmo estando empregado, gera insegurança, que afeta a qualidade de vida. O bem-estar de um indivíduo se deteriora não por uma questão de solidariedade (porque a precária condição dos outros afeta meu bem-estar), senão porque a deterioração do ambiente pode estar antecipando sua situação futura. Isto é, não podemos descartar uma racionalidade hedonista-altruísta (o desemprego dos outros me afeta porque incorporo em minha condição de vida a fragilidade de meus semelhantes), mas, basicamente, mesmo nos situando no quadro de uma racionalidade hedonista-individualista, o desemprego dos outros me afeta desfavoravelmente, uma vez que introduz um elemento de insegurança, incerteza, sobre o status dos que têm emprego (Luechinger; Meier; Stutzer, 2010).

Assim estamos diante de duas forças opostas. O crescimento do desemprego no contexto de referência (nação, região, amigos, família) reduz a sensação de mal-estar, uma vez que induz a pensar que a raiz da condição individual (quando desempregado) não está em algum fracasso ou malogro próprio. Mas, por outra parte, uma elevação generalizada de pessoas à procura de um posto de trabalho torna a incerteza maior, aprofunda os temores de perda de emprego e, para os que estão desempregados, os cenários de uma reversão da condição individual se tornam mais pessimistas. Nesse sentido, a insegurança que produz nos ocupados a elevação do desemprego é um aspecto que é bem robusto nas análises empíricas (ver Knabe; Rätzel, 2011; Clark, 2001; De Witte, 2005).[10]

Logo, por caminhos às vezes diretos e por trilhas por vezes tortuosas e indiretas, o certo é que é incontestável o impacto negativo do

---

[10] Inclusive, segundo Clark (2001), com dados para a Inglaterra, a seguridade no emprego é levemente mais importante que o salário recebido.

desemprego sobre os patamares de bem-estar da população. O trabalho pode ser considerado um sacrifício, fonte de dor e de sofrimento, mas ambicionar trabalhar e não encontrar ocupação é, certamente, uma das variáveis sobre as quais existe consenso sobre seu impacto negativo na autodeclaração de felicidade.

💰 Há Empregos e Empregos: qualidade do emprego e bem-estar

Se empiricamente a condição de empregado é superior (no sentido de provocar um aumento do bem-estar) à situação de desocupado, o tipo de contrato de trabalho, a cobertura institucional/legal, o grau de autonomia, as perspectivas de crescimento profissional, o nível de salário, o conteúdo das tarefas, a compatibilidade entre educação/habilidades/competências e o conteúdo do trabalho são elementos que têm impacto direto sobre a qualidade de vida via satisfação no emprego.

Nesse sentido, qualificar o emprego é a próxima etapa na identificação dos vínculos entre ocupação e autopercepção de bem-estar. A partir da leitura dos parágrafos anteriores, concluímos que a sensação de estabilidade ou seguridade no emprego é um aspecto crucial quando pretendemos avaliar o impacto que a condição de estar empregado tem sobre a felicidade. Em geral, historicamente e mesmo intuitivamente, essa seguridade é sinônimo de emprego assalariado regulado pela legislação (emprego formal, seja no setor público ou privado), pautado por um contrato por tempo indeterminado. Se esse é o tipo de inserção no mercado de trabalho "teoricamente" desejável, outras formas de participação são denominadas de "precárias", um termo que é quase um qualificativo e muito próximo de uma tipificação pejorativa. Essas formas "precárias" englobam vínculos a tempo parcial, temporário, não assalariado (autônomo). Contudo um dado crucial para uma qualificação desses empregos "atípicos" não pode prescindir dos desejos e aspirações daqueles que os ocupam. Por exemplo, um trabalho a tempo parcial pode ser aquele procurado por um estudante para compatibilizar a frequência escolar com algum complemento de renda. Similarmente, um membro da família pode escolher um emprego com jornada reduzida para harmonizar um desejo de cuidar dos filhos com participação no mercado de trabalho. Um emprego temporário também pode ser o desejado no caso de um estudante que pretende auferir alguma renda durante o recesso escolar. Nesses casos, esses tipos de ocupação ou de contratos são desejados. Contrariamente, a ocupação temporária ou a tempo parcial pode ser a única alternativa diante da ausência de vagas em tempo integral e por tempo indeterminado. Neste caso, o indivíduo pode estar ambicionando um contrato "típico", desejando trabalhar por mais horas e por mais tempo. Ou seja, o caráter precário ou não de um emprego não pode ser definido de forma independente dos desejos ou necessidades dos indivíduos que os ocupam. O impacto sobre o bem-estar vai depender da articulação entre o desejo/necessidade do trabalhador com a característica da vaga.[11]

O trabalho autônomo ou por conta própria constitui um caso particular de participação no mercado de trabalho, geralmente associado a trabalho precário. Assume-se que os indivíduos, diante da falta de oportunidades de vagas assalariadas, escolhem o autoemprego como uma estratégia de sobrevivência. Em outros termos, a ocupação por conta própria seria uma forma de desocupação oculta (pelo trabalho precário). Implicitamente, nesse tipo de perspectiva atribui-se ao emprego assalariado uma manifesta "superioridade" (de melhor "qualidade") com respeito ao autônomo. O resultado de diversas pesquisas (Blanchflower; Stutzer, 2001; Benz; Frey, 2001; Hundley, 2001) induzem a pensar que essa suposta superioridade do emprego assalariado (mesmo aquele "tradicional", a tempo integral e com duração indefinida) não corresponde à externalizada pelos indivíduos nos levantamentos de opinião. A autonomia proporcionada pela ocupação por conta própria aparenta ser particularmente apreciada por certos indivíduos, e não estar subordinado a um chefe ostenta impactos positivos sobre o bem-estar dos indivíduos.

No caso do Brasil, temos um exemplo bem ilustrativo das classificações preconcebidas sobre as características do emprego e os desejos dos indivíduos. Historicamente, as relações trabalhistas reguladas pela CLT eram assumidas como sendo superiores, em qualidade, quando comparadas às ocupações obtidas nos mercados ditos informais (as-

---

[11] Hoje, na maioria das pesquisas de domicílio (a exemplo da PNAD Contínua) que apura questões vinculadas ao mercado de trabalho está contemplado algum quesito no qual pergunta-se ao entrevistado algum desejo. Por exemplo, se ocupa uma vaga a tempo parcial, pergunta-se sua aspiração por trabalhar mais horas. Ou, em outros termos, pretende-se saber se está ocupando um posto de trabalho "atípico" porque não tem alternativa de emprego ou porque essa é sua vontade.

salariado sem carteira e autônomo). Não existia maior polêmica sobre esse quesito e, a partir dele, o objetivo de todo governo seria não unicamente criar empregos, mas empregos de qualidade (vagas no âmbito da CLT). Contudo os resultados de uma pergunta nas PNAD's de 1990 fragilizaram de forma radical essa hipótese. Dos autônomos, 60% não tinham interesse em ter uma relação trabalhista regulada pela CLT.[12]

Ou seja, os desejos, satisfações de uma inserção no mercado de trabalho não necessariamente coincidem com estereótipos previamente definidos. Empregos com carteira ou emprego público, em uma caricatura geralmente aceita, seriam preferidos e outorgariam maior satisfação que empregos por conta própria, a tempo parcial, temporários.[13] O resultado das pesquisas sobre bem-estar no emprego e aspirações profissionais não permite esse tipo de generalizações. Ocupar um posto de trabalho com tarefas interessantes e possuir um bom relacionamento com os colegas e superiores parecem ser as variáveis cruciais na hora de os indivíduos elencarem os aspectos que incidem na satisfação obtida no emprego. Os salários ou o tipo de vínculo (tempo integral ou parcial, temporário) não parecem estar entre as variáveis mais importantes (Sousa-Poza; Sousa-Poza, 2000).[14] Contudo, esse tipo de conclusões deve ser assumido com muita cautela, uma vez que depende do país, da conjuntura, e realmente podem existir enormes diferenças entre as populações de um mesmo país. Por exemplo, Montero e Rau (2014) encontraram que o emprego a tempo parcial produz uma queda no bem-estar no caso dos homens, mas o mesmo não ocorre no caso das mulheres. Esse diferencial pode ser facilmente explicado pela divisão do trabalho no lar determinada por heranças culturais. Em geral, as mulheres aspiram a combinar algum tipo de inserção profissional com a criação dos filhos. Esses anseios as induzem a procurar ocupações em

---

[12] Ver Ramos (2012, p. 380-81).

[13] O emprego público, pelas suas características (estabilidade, regras de aposentadoria singulares, menor autonomia), merece uma análise específica. Ou seja, indivíduos menos propensos ao risco, ao empreendedorismo tenderiam a prevalecer nesse setor. Contudo, quanto aos níveis de satisfação, não parecem existir grandes diferenças entre o emprego público e o setor privado (ver Norris, 2003).

[14] No caso dos países do leste europeu, o nível dos salários parece ser uma variável relevante. Ou seja, como veremos a seguir, o contexto conta.

tempo parcial ou com flexibilidade de horários. No caso de a legislação dificultar esse tipo de contratação, os vínculos serão informais.[15]

💰 Inflação

Com a renda (e especialmente sua variação) e o emprego/desemprego, a inflação é a terceira variável essencial que vincula a dimensão econômica à sensação de felicidade. Sobre esse nexo existem fortes evidências: quanto maior a taxa de inflação, menor os índices de bem-estar (ver, por exemplo, Di Tella; MacCulloch; Oswald, 2001, 2003; Alesina; Di Tella; MacCulloch, 2004).

Por que a inflação afetaria as autodeclarações de felicidade? Basicamente porque a variação dos preços introduz um elemento de risco ou insegurança. Os indivíduos não sabem como vai evoluir o poder de compra de sua renda, fato que compromete a realização de contratos a médio e longo prazo (de bens duráveis, por exemplo). Por outra parte, processos inflacionários estão associados a alterações não previstas e aleatórias dos preços relativos. Lembremos que, no modelo canônico, o consumidor aloca sua renda em função de seus gostos e dos preços relativos. Se as relações entre os preços dos diferentes bens e serviços são opacas, a alocação da renda pode não ser a ótima (a que maximiza a utilidade).

À margem das causas, o certo é que existe um geral beneplácito acerca do impacto negativo dos processos inflacionários sobre os índices de bem-estar. Mas se essa constatação é consensual, bem ancorada nos dados e acompanha a intuição, o elo não deixa de produzir debates quando associamos inflação com desemprego. Com efeito, temos que as duas variáveis afetam os indicadores de felicidade no mesmo sentido (negativo). O problema é: existem ligações entre essas duas variáveis? Em outras palavras, para reduzir o desemprego, os gestores de política precisam adotar medidas que elevem a inflação? Ou, alternativamente, para reduzir a inflação tem de haver elevação do desemprego? Essa situação os economistas denominam de *trade-off*, que seria um conflito entre objetivos ou, em outros termos, se amenizamos um problema aprofundamos outro.

---

[15] Podemos observar esse diferencial entre homens e mulheres mesmo nos países mais desenvolvidos. Na Holanda, por exemplo, 60% das mulheres estão empregadas a tempo parcial, percentual que cai para 19% no caso dos homens (Fonte: OCDE, 2016).

Existe realmente um *trade-off* entre essas duas variáveis cruciais na determinação, ao menos no curto prazo, dos índices de felicidade?

💰 Inflação e Desemprego: vestir um santo para despir outro?

Até meados dos anos 1970 esse *trade-off* estava bem consolidado no modelo macroeconômico de referência e poderíamos dizer que era consensual entre os formuladores de política econômica. Se tinham de reduzir a inflação, o preço que teria de ser pago era a elevação do desemprego, e se quisessem reduzir a proporção de pessoas que procuram e não acham uma ocupação, o preço a ser pago pela sociedade seria maior variação nos índices de preços.

Esse *trade-off* se popularizou a partir da publicação, em 1958, de um artigo cujo autor foi o economista neozelandês William Phillips (1914-75). O artigo em questão (Phillips, 1958) estudava a relação entre inflação e a variação dos salários nominais na Inglaterra no período de 1861 a 1957. Basicamente a conclusão foi que esse *trade-off* existia e o raciocínio tinha um certo apelo intuitivo. Quando o desemprego reduzia, o poder dos sindicatos se elevaria ou, mesmo desconsiderando os sindicatos, o próprio funcionamento do mercado de trabalho induziria a uma elevação dos salários nominais. Essa elevação dos salários nominais, por sua vez, geraria, via acréscimo nos custos, elevação dos preços. Assim teríamos um custo no caso de pretender reduzir a desocupação: uma maior taxa de inflação. Simetricamente, se gestores de política pretendessem reduzir a variação dos preços, teriam de gerar desemprego, uma vez que o avanço do desemprego teria como corolário menores alterações nos salários nominais, e via menor pressão nos custos, a inflação desmoronaria.

Os achados de Phillips (denominados habitualmente de Curva de Phillips) foram rapidamente incorporados ao modelo macroeconômico ensinado nas universidades e utilizados pela totalidade dos gestores de política econômica. Estes teriam de administrar um equilíbrio conflitante entre os objetivos de pleno emprego (ou baixo desemprego ou desemprego de pleno emprego) e as metas de estabilidade de preços.[16]

O grande problema consiste em determinar o responsável pela escolha entre as diferentes combinações de inflação e desemprego. Vamos ilustrar o dilema mediante duas situações hipotéticas: A e B. No cenário A, a inflação é de 10% e a taxa de desemprego de 4%. Na situação B, a inflação é de 2% e o desemprego de 9%. Quem decide a combinação A ou B? O presidente do Banco Central? Foi o Poder Executivo ou Legislativo que definiu as metas e o Banco Central tem, institucionalmente, o compromisso de executar a política e, no caso de não cumprir esse "contrato", é obrigado a dar explicações?

Imaginemos a primeira possibilidade (que seja o presidente do BC) Nesse caso, ele vai escolher A ou B em função de suas preferências? Mas será que essas são as preferências da sociedade? Será que a felicidade proporcionada por A ou B ao presidente do Banco Central coincide com aquele que maximiza a felicidade da sociedade? Sinteticamente a questão é: o presidente do Banco Central teria de ter sido escolhido e referendado pelo Poder Executivo e Legislativo em função de qualificações técnicas, não em função de suas preferências e, concomitantemente, não seria um mandato eleitoral. Não estaríamos diante de um "deficit democrático" deixar nas mãos de um quadro técnico a escolha de um ponto sobre a Curva de Phillips?

Vejamos a segunda possibilidade (as metas de inflação e desemprego são fixadas pelo Poder Executivo e/ou Legislativo e o Banco Central tem o compromisso de atingir esses objetivos). Nesse caso, o aspecto relacionado ao "deficit democrático" teria sido contornado, uma vez que poderes eleitos pela população, teoricamente, escolheriam a combinação de inflação e desemprego que maximizaria a felicidade da população.

A segunda possibilidade seria a ideal, só que a história não foi benevolente com esse cenário.

---

[16] Em geral, nesse período, às vezes explicitamente, outras vezes implicitamente, os gestores de política econômica e os Bancos Centrais tinham esses dois objetivos e tinham de arbitrar entre eles. O exemplo normalmente dado é o Banco Central dos EUA (o FED — Federal Reserve) no qual, explicitamente, seus objetivos são conservar a estabilidade de preços e aspirar ao pleno emprego (tem um duplo mandato). Outros objetivos podem constar na legislação que regulamenta um Banco Central, mas, dada a nossa discussão, nos limitamos a discutir esses dois.

Com efeito, com os choques petroleiros dos anos 1970, as economias da maioria dos países começaram a viver uma situação não contemplada pela Curva de Phillips: inflação *e* desemprego. Ou seja, o pior dos mundos, uma vez que o bem-estar das populações era duplamente penalizado (pela alta nos preços e pela falta de vagas). Como sucede com todo paradigma teórico, se este não é compatível com as verificações empíricas (neste caso, com a coexistência de aceleração de inflação e desemprego crescente) o mesmo começa a ser questionado na sua fundamentação conceitual.

A primeira crítica sustenta que a Curva de Phillips (o *trade-off* entre inflação e desemprego) é válida, mas só no curto prazo. Em equilíbrio e no longo prazo, a economia tenderia a situar-se sobre a "taxa natural de desemprego" (Friedman, 1968).[17] Qualquer tentativa de reduzir essa taxa demandaria uma contínua aceleração na taxa de inflação (versão aceleracionista da Curva de Phillips ou a versão Friedman-Phelps da Curva de Phillips) e, no longo prazo, essa tentação de reduzir o percentual de trabalhadores à procura de emprego seria passageira e transitória.[18] Ou seja, o *trade-off* (a possibilidade de uma escolha entre diferentes níveis de inflação e distintos patamares de desemprego) só seria válido no curto prazo. No longo prazo, independentemente dos desejos dos gestores de política, o equilíbrio seria sobre a "taxa natural de desemprego". Assim, se uma das variáveis que determina o índice de felicidade é "fixa" (exógena, no jargão econômico), para maximizar o bem-estar só resta aos gestores de política fixar a taxa de inflação nos menores patamares factíveis. Logo a estabilidade de preços seria, no longo prazo, o único objetivo a ser perseguido pelas autoridades.[19]

---

[17] Apresentar o conceito de "taxa natural de desemprego" e por que diferentes países têm diferentes níveis desse indicador nos distanciaria do debate que estamos apresentando. O leitor interessado pode consultar Ramos (2012).

[18] A versão aceleracionista da Curva de Phillips é atribuída a dois economistas: Milton Friedman (1912-2006), Prêmio Nobel em 1976, e Edmund Phelps (1933-), também Prêmio Nobel (2006).

[19] Estamos simplificando o argumento mas, basicamente, essa seria a linha de raciocínio, e as sugestões de política. Dissemos que estamos simplificando porque o governo poderia, em tese e no longo prazo, influenciar a "taxa natural de desemprego" mediante, por exemplo, a formatação da legislação trabalhista. Por outra parte, a taxa de desemprego factível de ser atingida também pode ser delimitada por aspectos institucionais (autonomia ou independência do Banco Central, por exemplo). Nesse caso as relações são mais complexas e indiretas, mas existem. Por exemplo, a legislação trabalhista e o status do Banco Central podem influenciar, indiretamente e no longo prazo, os índices de felicidade de uma população.

A partir desse questionamento, desenvolvimentos teóricos particulares levaram a questionar a existência, mesmo no curto prazo, desse *trade-off.* Diversos artigos oriundos do mundo acadêmico (talvez os mais importantes sejam Lucas, 1972, 1973; Sargent; Wallace, 1975; Barro; Gordon, 1983a, 1983b) sustentaram que a política econômica era irrelevante na determinação do equilíbrio no mercado de trabalho (em outros termos, era irrelevante para alterar o nível de emprego) e que o suposto *trade-off* não existiria nem no curto prazo.[20]

Este último arcabouço teórico, não obstante não gozar de unanimidade e ser um divisor de escolas de pensamento em economia, deixou como legado várias sugestões quanto às políticas, recomendações que se cristalizaram em marcos legais nos quais os Bancos Centrais (como é o caso do Brasil hoje) só têm como objetivo metas (explícitas ou não, no caso do Brasil são explícitas) de inflação, sem compromissos com o emprego e o crescimento. Simultaneamente, hoje é comum a existência de regras institucionais com as quais os gestores de política estariam comprometidos e nas quais as iniciativas discricionárias são minimizadas.[21]

Não obstante esses desenvolvimentos teóricos se plasmarem, em maior ou menor grau segundo o país, em marcos institucionais e legais bem robustos, os gestores de política tratam de administrar e têm como alvo as duas variáveis (desemprego e inflação), uma vez que os trabalhos empíricos não deixam ceticismos sobre a relevância de ambos indicadores no bem-estar de uma população.

Inflação, Desemprego e o Índice de Miséria

É tão evidente que a inflação e o desemprego afetam negativamente o nível de bem-estar de uma sociedade, que o economista norte-americano Arthur Okun (1928-1980) muito imaginativamente criou um indicador que ele denominou de Índice de Miséria. Este seria simplesmente a soma da inflação e do desemprego. Uma vez que esses parâmetros estão disponíveis em curtos períodos de

---

[20] Na verdade, só seriam válidas, e de forma transitória, as políticas não antecipadas.

[21] Por exemplo, a taxa de inflação a ser perseguida não pode ser a que o ministro da Fazenda ou o presidente do Banco Central acham conveniente.

tempo, o Índice de Miséria pode ser utilizado para monitorar conjunturalmente o bem-estar (ou o mal-estar) de uma sociedade.

Okun também é conhecido por outras duas contribuições.

A denominada Lei de Okun, que estabelece uma relação entre alterações na taxa de desemprego observada, a taxa de desemprego natural e o hiato do produto. Utilizando séries dos anos 1950 para a economia dos EUA, ele estimou que o percentual de variação do PIB teria de se situar entre 2,5% e 3% para que a taxa de desemprego permanecesse estável. Se acompanharmos esta "Lei", a dificuldade de manter os níveis de felicidade diante de estagnações ou decrescimento no PIB seria enorme, uma vez que o não crescimento redundaria em aumentos nas taxas de desemprego que, por sua vez, alterariam negativamente o bem-estar. Essa elevação do produto, necessária para manter a taxa de desemprego constante, é a consequência de dois movimentos: aumento da força de trabalho (preponderantemente, ainda que não exclusivamente, por fatores demográficos) e incrementos na produtividade. Sem dinamismo do PIB toda economia teria um corolário inevitável: elevação do desemprego.[22]

Nas análises de conjuntura, uma recessão é definida a partir da queda do nível de atividade durante mais de dois trimestres consecutivos. Também se atribui a Okun essa definição de recessão.

💰 Estado de Bem-Estar e Felicidade

Os benefícios sociais (seguro-desemprego, aposentadorias, educação e saúde pública) introduzidos paulatinamente nos países desenvolvidos a partir da crise dos anos 1930, e com maior rapidez e extensão depois da Segunda Guerra Mundial, tinham como objetivo (ao menos na intenção e no discurso) reduzir a pobreza e desigualdade, elevar a equidade nas

---

[22] Voltaremos a esse ponto no Capítulo 5, quando vamos avaliar a consistência das propostas de "decrescimento".

oportunidades. A pergunta mais ou menos óbvia é: essas políticas têm correlação positiva com o bem-estar declarado pelos cidadãos?

Uma possível resposta é afirmativa, uma vez que esse conjunto de políticas teria como intuito proporcionar mínimos sociais à parcela da população mais vulnerável (evitar que indivíduos/famílias caiam abaixo de certos patamares de bem-estar socialmente considerados como degradantes). Como o próprio nome indica, deve-se esperar que as políticas de bem-estar social se traduzam em maiores percepções de satisfação com a vida.

Contudo essa possibilidade não é, na teoria, a única admissível. Como vimos no Capítulo 2, o relevante para as avaliações individuais de felicidade não são as posições absolutas, mas sim as relativas. Nesse sentido, os benefícios sociais que definem um *welfare state* alteram essas posições relativas, e nesse sentido, alteram as percepções, com ganhadores e perdedores. A priori, em termos exclusivamente analíticos, não somos capazes de determinar o sinal do balanço. Logo, diante da ausência de uma predição do modelo abstrato, a resposta deve ser procurada nos resultados das pesquisas empíricas. Porém, diante da indefinição teórica, os resultados dos exercícios econométricos sempre vão deixar dúvidas sobre o grau de generalidade dos resultados obtidos. Nos próximos parágrafos veremos que muitas conclusões são ambivalentes e podem estar mediadas pelas culturas específicas de cada sociedade e influenciadas por um período histórico específico.

A nossa discussão pode começar com uma citação do artigo de Alesina, Di Tella e MacCulloch (2004), amplamente referenciado na literatura, sendo sua constatação mais ou menos categórica (p. 2009):

> *We find that individuals have a lower tendency to report themselves happy when inequality is high[...]*[23]

O resultado encontrado por Alesina, Di Tella e MacCulloch, tendo como referência países da Europa Ocidental e EUA, é indicado na maioria da literatura como sendo a prova do impacto positivo que sociedades mais igualitárias têm sobre os indicadores de felicidade. Outras pesquisas

---

[23] "Encontramos que os indivíduos têm reduzida tendência a se autoqualificar como felizes quando a desigualdade é elevada[...]" (tradução livre).

apontam no mesmo sentido. Oishi, Schimmack e Diener (2012) concluem que maiores indicadores de felicidade estão associados a um sistema tributário progressivo. A literatura indicando uma preferência social por maior igualdade (menores coeficientes de desigualdade geram maiores indicadores de autodeclaração de felicidade) é vasta.[24]

Contudo devemos ter cuidado com os corolários que podemos deduzir dessa correlação. Com efeito, podemos deduzir que a intervenção do Estado e maiores gastos no sistema de proteção social elevam os indicadores de felicidade? Não. Veenhovem (2000), por exemplo, não encontra correlação entre o tamanho do estado de bem-estar social e os indicadores de felicidade. O artigo de Oishi, Schimmack e Diener (2012) é um exemplo dessa ambiguidade. Impostos progressivos são identificados com maiores índices de felicidade, mas maiores impostos e altos gastos públicos não. Schwarze e Härpfer (2007) encontram evidências de que os alemães têm aversão à desigualdade, mas a intervenção do Estado para reduzir as disparidades de renda não elevam os índices de felicidade.

O artigo de Hessami (2010) evidencia que a resposta às relações entre desigualdade, *welfare state* e felicidade é complexa. A população tende a avaliar o gasto público sobre seu bem-estar em função da percepção que ela tem sobre o grau de corrupção do governo e da descentralização (quanto maior o grau de corrupção, menor o impacto do gasto estatal nas declarações de felicidade, e quanto maior a descentralização institucional, maior a influência sobre os níveis de satisfação). As respostas também dependem da ideologia do indivíduo e do seu nível de renda. Quanto mais à esquerda do espectro ideológico o indivíduo se situa e quanto menor o nível de renda, maiores serão as respostas que vinculam o *welfare state* com a autodeclaração de bem-estar.[25] Por outra parte, o *welfare state* tem impacto sobre as autodeclarações de felicidade segundo a composição dos gastos. Por exemplo, gastos em educação parecem ter um forte impacto sobre a felicidade. Os gastos

---

[24] Podemos citar, só a título de exemplo: Morawetz; Atia; Bin-Nun; Gariplerden; Harris; Tombros; Zarfaty (1977), Schwarze; Härpfer (2007) e Verme (2011). Observamos que essa aversão à desigualdade é encontrada em pesquisas empíricas realizadas em diversos países e épocas, que tornam mais generalizáveis os resultados.

[25] A influência da posição político-ideológica da pessoa sobre as respostas já tinha sido identificada por Alesina, Di Tella e MacCulloch (2004). Porém um dado curioso é que as pessoas de esquerda na Europa parecem ser mais sensíveis à desigualdade que os norte-americanos de esquerda. Voltaremos a esse ponto nos próximos parágrafos.

públicos em saúde (Kotakorpi; Laamanen, 2010) e os benefícios do seguro-desemprego (Di Tella; MacCulloch; Oswald, 2003) também tendem a elevar os índices de bem-estar.

Essa diversidade de artigos coloca em evidência certa tensão entre os pressupostos teóricos da teoria da felicidade (ver Capítulo 2) e os resultados dos trabalhos empíricos. Vamos nos deter nesses aspectos.

Segundo a teoria de tradição utilitarista (da qual a economia da felicidade pode ser considerada um "filhote"), os indivíduos procurariam maximizar seu bem-estar de forma hedonista-consumista. Estamos diante daquilo que corriqueiramente se conhece como racionalidade do *Homo economicus*. Vimos com certo detalhe que, nessa racionalidade, o indivíduo utiliza os status relativos e não os absolutos. As comparações relativas podem ser tanto sobre seu próprio passado como um grupo de referência. Nessas circunstâncias, não podemos sustentar, *a priori*, se maior igualdade gera autoavaliação do bem-estar mais ou menos elevada. Quanto mais desigual uma sociedade, maior será a felicidade reportada pelos indivíduos situados no topo da pirâmide, porém menor nos localizados na base. Contudo o "efeito túnel" pode até fazer com que estes últimos (os posicionados nos menores decis) sejam mais felizes. Essa relevância das rendas relativas e os "efeitos inveja" e "túnel" estão bem ancorados em resultados de experimentos de laboratório típicos da denominada "economia comportamental".

Apesar disso, os resultados das pesquisas empíricas, quando cruzados com levantamentos de autodeclarações de bem-estar e outras estatísticas (coeficientes de desigualdade), parecem chegar a uma conclusão de forma robusta: existe uma "demanda por igualdade" nas sociedades. Os resultados das pesquisas sugerem, como mencionamos, que sociedades menos desiguais são mais felizes. A racionalidade hedonista-utilitarista-consumista do *Homo economicus* não é válida? Alguns resultados de pesquisas indicam que o altruísmo (ou o hedonista altruísta de J. S. Mill) pode ser uma fonte de felicidade (Konow; Earley, 2008).[26] Becker (1974b) sugeriu que doar pode ser um argumento da função de utilidade com sinal positivo. Ou seja, para algumas pessoas doar pode ser uma fonte de bem-estar. Contudo a doação pode ser uma fonte de bem-estar, conservando a perspectiva hedonista-utilitarista (Glazer; Konrad, 1996;

---

[26] Contudo a relação de causalidade fica em aberto: As pessoas mais felizes são mais altruístas ou ser altruísta tem como corolário maior felicidade?

Harbaugh, 1988a, 1988b; Ariely; Bracha; Meier, 2009). Por exemplo, a filantropia é factível de ser vista como uma fonte de prestígio, uma das formas de manifestar riqueza ou poder. Praticar caridade seria um "sinal" para interagir e fazer parte de dado grupo social, intenção que seria evidente, uma vez que a maioria das doações não são anônimas. Fazer trabalho voluntário em regiões distantes, pobres e de culturas diferentes pode ser uma estratégia de sofisticar o currículo, uma vez que seria um sinal de flexibilidade para trabalhar em equipes compostas por indivíduos dos mais diversos hábitos. Nestes casos, práticas filantrópicas elevariam a felicidade da sociedade, já que aumentam o bem-estar de quem as está executando (seja por motivos hedonistas, utilitaristas ou altruístas) e daqueles que as estão recebendo.

Contudo, desde uma perspectiva mais geral e de política pública, o balanço da literatura é ambíguo. Por exemplo, um sistema tributário progressivo é bem avaliado, fato que sugeriria que a intervenção do Estado para reduzir desigualdades deveria ser promovida. Mas impostos e gastos públicos elevados não têm a mesma apreciação. Ou seja, essa constatação sugeriria o contrário da anterior. O altruísmo pode ser uma fonte de felicidade, mas essa percepção pode merecer a seguinte leitura: o Estado deve intervir menos e deixar os cidadãos exercerem a filantropia, trabalho voluntário, entre outros, uma vez que, como já mencionamos, essas atividades são uma fonte de bem-estar para quem as pratica e quem as recebe. Menos impostos e gastos públicos e mais filantropia, trabalho voluntário maximizaria os indicadores de felicidade. Isto é, o contrário do preconizado pelos teóricos do *Welfare State* (forte presença do Estado para reduzir desigualdades). Mas essa preferência por menos impostos e gastos públicos é relativa, uma vez que os gastos públicos nas áreas de educação, saúde e benefícios do seguro-desemprego têm impacto positivo sobre a percepção que a população tem sobre sua qualidade de vida.

Observamos, assim, que as atitudes são ambivalentes e estão mediadas por preferências individuais e também aspectos culturais. Vamos nos deter nestes últimos. A rejeição à desigualdade está influenciada por crenças sobre o grau de injustiça que toda desigualdade de renda teria. Como identificaram Alesina, Di Tella e MacCulloch (2004), a percepção é bem diferente nos EUA *vis-à-vis* Europa. A desigualdade afeta (negativamente) a felicidade das pessoas na Europa porque o diferencial de renda é percebido como sendo, basicamente, injusto. O perfil distributivo seria corolário de sorte, relações sociais, práticas não legais/éticas, e nesse contexto, a desigualdade seria injusta e contaminaria o bem-estar. Contrariamente, nos EUA, mesmo entre os mais pobres, os diferenciais de rendas são assumidos como produto do esforço pessoal, da dedicação, disciplina. O mito cultural do *self-made man* impera e o "efeito túnel" predomina sobre a "inveja".

Nesse sentido, as conclusões de Veenhovem (2000) ao analisar os dados de 41 países entre 1980 e 1990 são (p. 91):

> *Contrary to expectation, there appears to be no link between the size of the welfare state and the level of well-being within it. In countries with generous social security schemes, people are not healthier or happier than in equally affluent countries where the state is less open-handed. Increases or reductions in social security expenditure are not related to a rise or fall in the level of health and happiness either.*

Agora vamos afunilar a nossa análise e nos deter em duas rubricas nas quais a correlação entre gastos e bem-estar parecem fazer parte do imaginário popular: educação e saúde.

Educação

Por que os gastos públicos em educação contribuem para a felicidade das pessoas? Duas respostas são possíveis.

A primeira diz respeito à perspectiva econômica da educação. A um maior nível de educação relativa corresponderia maior renda relativa (seja com respeito ao grupo de referência, seja com respeito ao passado do próprio indivíduo). Acumular capital humano (anos de estudo, cursos, experiências) com respeito aos concorrentes eleva a educação relativa e as chances de ocupar bons postos de trabalho. Ou seja, a educação tem um componente econômico e situar-se em condições competitivas (dimensão relativa) no mercado de trabalho requer acumular capital humano.[27]

Uma segunda resposta diz respeito ao bem-estar que um indivíduo com maior educação pode obter das circunstâncias de sua vida (Oreopoulos; Salvanes, 2011). Quanto às categorias que apresentamos no Capítulo 2, a eficiência e eficácia da Função de Produção da Felicidade poderia ser influenciada pela educação dos indivíduos. Maior renda, produto de melhor posicionamento na educação relativa, amplia os graus de liberdade ou o leque de escolhas, mas também viabiliza empregos com tarefas mais criativas, maiores perspectivas de crescimento profissional no transcurso de sua vida ativa, uma capacidade mais elevada em apreciar as ofertas culturais, melhor aptidão em identificar modos de vida que preservam a saúde. Nos países da OECD (OECD, 2011), 58% das pessoas que têm até segundo grau incompleto estão satisfeitos com sua vida, percentual que sobe para 67% daqueles com segundo grau completo ou superior incompleto, e chega a 75% para aquela faixa com superior completo. Veenhoven (2010, p. 336) afirma:

> *This is not to say that all conditions for happiness are universal.*
> *One notable exception is 'education'.*[28]

Obviamente, a educação assumida como um investimento individual também pode ser uma fonte de frustração. Lembremos que, nos restringindo exclusivamente ao cálculo econômico, o período passado no sistema escolar pode ser assumido como um investimento e, como em qualquer investimento, espera-se um retorno no futuro (ao longo da vida ativa). Esse retorno pode ser quanto a maiores salários, menores taxas de desemprego, tarefas

---

[27] Diversas teorias fundamentam os argumentos que acabamos de apresentar. A principal delas é a Teoria do Capital Humano, que vincula educação com produtividade e esta com salários. A outra diz respeito à relevância não da educação absoluta, senão da educação relativa. Se a maioria de meus concorrentes têm segundo grau completo, para ser competitivo eu teria de ter graduação. Se a maioria tem graduação, eu teria de ter alguma pós-graduação. Estamos diante do que se conhece como "inflação de diplomas". Aprofundar esses aspectos foge aos nossos objetivos. O leitor interessado pode consultar Ramos (2015).

[28] "Não se pode dizer que todas as condições para a felicidade sejam universais. Uma notável exceção é a educação" (tradução livre).

mais gratificantes, nível hierárquico mais elevado na estrutura de uma empresa, maior status no seu grupo social. Podemos avaliar o impacto desse investimento sobre o nível de felicidade com base no instrumental que apresentamos no Capítulo 2. Ao frequentar o sistema escolar hoje, projetamos o futuro ou, em outros termos, os benefícios relativos (com respeito à nossa trajetória sem educação e à trajetória dos concorrentes) que virão. Ocorre que, quando esse futuro chega, as condições podem não ser as imaginadas. Os níveis de salários que idealizamos podem não ser os conseguidos, as dificuldades em encontrar um emprego são superiores às presumidas, as tarefas que realizamos não são as conjecturadas (estamos sobrequalificados para a vaga que ocupamos).[29] Nessas circunstâncias, a educação pode ser uma fonte de infelicidade, de frustração, uma vez que o sonhado bem-estar não se materializou devido ao descompasso entre o emprego imaginado e aquele concretizado.

Como podem ser consumadas essas esperanças colocadas na educação? Visivelmente pelo crescimento. Uma sociedade estagnada economicamente dificilmente pode oferecer oportunidades de bons empregos para aqueles que finalizam os ciclos escolares e se direcionam ao mercado de trabalho. Justamente aqui está, mais uma vez, a correlação que pode existir entre crescimento econômico (entendido como elevação do PIB) e felicidade, correlação mediada pela concretização das aspirações daqueles que investiram na educação. Retomaremos a esses aspectos quando, no Capítulo 5, discutirmos as opções de política que a economia do bem-estar oferece, e as alternativas propostas pelos teóricos do "decrescimento".

Saúde

O impacto da saúde sobre o bem-estar é intuitivo e parece tão óbvio que geraria pouco debate. Talvez por isso os gastos públicos em saúde são tidos como tendo impacto positivo sobre os indicadores de felicidade. Logicamente, como mencionamos em parágrafos anteriores, a educação pode gerar melhores condições de saúde, ao ampliar a renda e os conhecimentos sobre como identificar problemas, adotar boas práticas. Nesse sentido, os anos passados no sistema es-

---

[29] A sobrequalificação constitui uma das variáveis que nutrem a frustração no emprego. Ver, por exemplo, Green; Zhu (2010).

colar podem influenciar os níveis de felicidade de um indivíduo por meio de diversos meandros (renda, emprego, capacidade de apreciar ofertas culturais) e uma dessas trilhas é a saúde.

Contudo uma questão crucial no caso dos vínculos entre saúde e felicidade é a relação de causalidade. Ou seja, as pessoas mais felizes são mais sadias ou são mais sadias porque são mais felizes? Existe consenso que indivíduos mais estressados, deprimidos, pessimistas têm mais propensão a não gozar de boa saúde, a serem mais suscetíveis a contrair doenças. Assim, a relação de causalidade seria: felicidade → saúde. Claramente isso não significa descartar que problemas de saúde não oriundos do perfil de personalidade do indivíduo possam alterar a autoavaliação de felicidade.

Assim como no caso da educação, a saúde pode influenciar o nível de felicidade de forma indireta. Por exemplo, se uma doença afeta a vitalidade, a disposição de um indivíduo, este pode ter mais chances de ser desligado de seu emprego ou, se já está desocupado, pode ver reduzida sua probabilidade de ocupar uma vaga. Assim, a relação causal saúde–felicidade pode ser mediada por dificuldades de inserção no mercado de trabalho. Por outra parte, as características do emprego (intensidade, estresse) podem afetar a saúde. Todas essas relações de causalidade foram bem exploradas e estão bem ancoradas na literatura empírica (ver, por exemplo, Clark; Oswald, 1994; Bambra; Eikemo, 2009; Garcia-Gomez; Jones; Rice, 2010; Pelkowski; Berger, 2004; Lindeboom; Kerkhofs, 2009).

Nos parágrafos anteriores avaliamos e justificamos analiticamente as correlações entre variáveis econômicas (ou vinculadas indiretamente com a economia), como renda, emprego, desemprego, desigualdade, gastos públicos (especialmente saúde e educação) e a sensação de bem-estar de um indivíduo. Contudo, como já afirmamos, o contexto no qual essas correlações se concretizam parece também crucial. Demos o exemplo do gasto público, que pode ter mais ou menos impacto sobre a percepção de felicidade segundo o grau de corrupção que as populações imaginem estar imperando. Ou seja, o contexto no qual os nexos entre estatísticas econômicas e índices de felicidade parece relevante (Helliwell; Barrington-Leigh; Harris; Huang, 2010).

Nessas circunstâncias, uma série de variáveis que não podem ser definidas como sendo de cunho econômico influenciam de forma crucial as declarações das pessoas nas pesquisas. Por exemplo, religião, situação familiar, idade.

Os economistas utilizam corriqueiramente essas variáveis que, em princípio, não estariam associadas a processos ou racionalizações que envolvam avaliações custo/benefício, maximização de lucro, minimização de custos. Acabamos de falar, propositalmente, de "em princípio" porque há várias décadas aspectos da vida social e individual sem nexos aparentes com a economia vêm sendo debatidos por economistas e artigos oriundos dessas pesquisas são aceitos para serem publicados em revistas e periódicos de prestígio acadêmico na área. Assim a quantidade de filhos, a violência, as drogas, a prostituição, o aborto são vertentes da vida social e individual que, sempre "em princípio", teriam poucos vínculos com o que diz respeito ao campo de pesquisa em economia (inflação, desemprego, crescimento, deficit público).[30] Contudo todas essas dimensões mereceram, por parte dos economistas, um tratamento que, em termos metodológicos, é similar ao dado à, por exemplo, escolha de uma pessoa entre participar ou não do mercado de trabalho ou demandar ou não um dado produto a um determinado preço. Nesse sentido, associar dinheiro, sexo e felicidade, calculando o número de parceiros sexuais/ano que maximizam a felicidade pode ser o tema de um artigo aceito para um periódico de economia (Blanchflower; Oswald, 2004b).

Além dessa "colonização" dos economistas de áreas tradicionalmente fora de seu território de pesquisa tradicional, os resultados das regressões estatísticas que associam felicidade a renda, desemprego podem ser aprimorados agregando as características individuais dos pesquisados (idade, sexo, entre outras) e aspectos de cunho social (religião, condição familiar, entre outros).

No próximo capítulo vamos tratar dessas variáveis.

---

[30] Historicamente foi Gary Becker (economista que já mencionamos neste capítulo) quem fez uma imaginativa abordagem, utilizando o instrumental analítico da economia convencional (agentes maximizadores de uma função objetivo enfrentando restrições) para analisar aspectos da vida familiar, as práticas de crimes. (Beker, 1974, 1981). Hoje essas abordagens pouco convencionais em economia são popularmente conhecidas sob a denominação de *freak economics*.

CAPÍTULO 4

Fontes não Econômicas da Felicidade

"Com liberdade, livros, flores e a lua, quem poderia não ser feliz?**"**

Oscar Wilde

Como acabamos de mencionar no fim do capítulo anterior, os economistas incorporaram dimensões que, historicamente, fugiam ao seu objeto de estudo. Tradicionalmente existia um divisor de águas entre as duas grandes correntes que monopolizam o debate em economia. O paradigma heterodoxo centrava seu olhar no conflito distributivo e nele continua circunscrito até hoje.[1] Contrariamente, o modelo canônico concentrava suas reflexões teóricas e pesquisas empíricas em aspectos associados à alocação eficiente de recursos, com extensões em conteúdos que diziam respeito a atividades que não tinham mercado ou preços, mas sim impactos econômicos (como a poluição).

Referenciado nesse núcleo duro de pesquisa, a partir dos anos 1960, especialmente com as contribuições de Gary Becker, o espaço que fazia parte do objeto de estudo foi paulatinamente ampliado com a agregação da educação e da influência da família. A metodologia que o modelo standard aplicava para avaliar o funcionamento de um mercado qualquer (o mercado de alface, por exemplo) foi assumida como factível de ser utilizada para compreender fenômenos sociais que, se suponha, estavam distantes da racionalidade econômica. O matrimônio,

---

[1] Como já assinalamos no Capítulo 1, essa tradição se nutre da perspectiva que prevaleceu nos primeiros economistas, como David Ricardo.

a quantidade de filhos e o crime eram historicamente assumidos como pautados por determinantes psíquicas, culturais, entre outras, e nunca seriam resultados de processos racionais de maximização sujeitos a certas restrições. Em alguns territórios essa "colonização" poderia ser mais pacífica. Por exemplo, não obstante as reservas que pedagogos e educadores podem levantar, a maioria das pessoas cogita iniciar estudos não pela ampliação cultural que o sistema escolar possa agregar à sua vida, senão pelos retornos econômicos no mercado de trabalho. Em outros aspectos da vida humana (família, filhos, matrimônio, sexo, religião), a racionalidade econômica sempre foi vista com muito mais reservas. Contudo, pelo sim, pelo não, o certo é que hoje esse "imperialismo" da economia sobre outras áreas está bem consolidado e a Economia da Felicidade constitui uma boa ilustração.

Assim, nos próximos parágrafos, vamos discorrer sobre variáveis "não econômicas" que os economistas corriqueiramente incluem nas explicações dos patamares de felicidade observados. Algumas dessas variáveis são adicionadas para tornar mais robustos os exercícios estatísticos realizados. Outras vezes a finalidade não se reduz simplesmente a melhorar a econometria, senão que integram o arcabouço teórico com um status não negligenciável.

💰 Idade e Coortes

Na quase totalidade dos fenômenos sociais, as pesquisas empíricas incorporam a idade como uma variável relevante entre os fatores explicativos dos eventos que se pretendem compreender. Os homicídios, por exemplo, estão bem associados à faixa etária (Waiselfisz, 2015) e o envelhecimento das populações explica em grande parte a queda dos índices em certas regiões. O desemprego é outra variável particularmente influenciada pela faixa etária (Ramos, 2012). Nesse aspecto, as pesquisas que apelam à idade como um dos fatores que condicionam as autodeclarações de bem-estar dos indivíduos não fogem a essa regra geral.[2]

Devemos distinguir a idade ou o ciclo de vida de um indivíduo e a população da qual faz parte. A faixa etária pode estar influenciando a percepção da qualidade de vida pelas diferentes circunstâncias que são

---

[2] Devemos alertar que o quesito "idade" também é utilizado devido à sua disponibilidade e confiabilidade nos levantamentos de opinião e domiciliares.

típicas de uma determinada fase da existência (frequentar o sistema escolar, ter filhos, transitar para a aposentadoria). Quando avaliamos a multidão, estamos direcionando o nosso olhar a uma determinada geração, que pode ser influenciada por ocorrências históricas particulares (uma guerra, uma profunda recessão, um período de singular dinamismo econômico). Ambos aspectos (ciclo de vida e coorte) podem estar se superpondo. Por exemplo, a geração que em um determinado momento tem entre trinta e quarenta anos está sendo influenciada por aspectos tipicamente associados à sua idade e por circunstâncias que marcaram a sua adolescência e deixaram rastros.

Segundo os resultados de um texto muito citado na literatura (Blanchflower; Oswald, 2008), a relação entre felicidade e idade tem forma de U, com mínimos na metade dos quarenta a cinquenta anos.[3] Quais seriam as raízes do formato dessa curva? Aqui encontramos que, outra vez, os nexos entre renda e felicidade parecem não esgotar totalmente a explicação da autodeclaração de bem-estar. Com efeito, entre os quarenta e cinquenta anos os indivíduos estão, em geral, no ápice de sua vida profissional. A experiência acumulada desde que entraram no mercado de trabalho se transformou, na maioria dos casos, em maiores rendimentos.[4] Esses maiores rendimentos convivem com quedas nas percepções de felicidade. Por quê? Várias conjecturas tentam explicar esse declínio. Vamos mencionar algumas delas.

Os jovens saem do sistema escolar com uma série de ilusões sobre as perspectivas de emprego, as tarefas a serem realizadas, a utilidade do conhecimento acumulado nas escolas/universidades no seu futuro profissional. No mercado de trabalho, parte dessas expectativas se veem frustradas. A sobrequalificação e a competitividade no ambiente profissional desapontam seus sonhos. Por outra parte, muitos dos empregos que poderiam satisfazer suas expectativas não são os mais bem remunerados, estabelecendo-se muitas vezes um conflito (*trade-off*, no

---

[3] Esse artigo de Blanchflower e Oswald é o mais conhecido, mas foi confirmado, posteriormente, por diversos textos (ver, por exemplo, Stone; Schwartz; Broderick; Deaton, 2010; Van Landeghem, 2012).

[4] Essa relação entre idade e salários está bem sedimentada na literatura. Os testes econométricos estão referenciados na denominada Equação de Mincer, que estabelece uma relação positiva entre idade e rendimentos. Contudo esse impacto positivo vai caindo no transcorrer do tempo. Em termos matemáticos a relação é côncava (nas regressões, as variáveis são anos de estudo e, para representar essa concavidade, os anos de estudo elevados ao quadrado). Sobre o ponto, ver Ramos (2012).

jargão) entre um emprego com elevado salário, mas estressante, em um contexto muito competitivo e uma ocupação mais gratificante intelectual e profissionalmente, mas nas quais prevalecem menores rendimentos. Com o passar dos anos as expectativas se acomodam, a maturidade psicológica permite administrar melhor as frustrações e as avaliações sobre a vida começam a registrar trajetória ascendente. O artigo de Stone, Schwartz, Broderick e Deaton (2010) explora muito bem a origem das sensações que alimentam essa curva. Por exemplo, em torno dos vinte anos prevalecem o estresse, a irritação. À medida que transcorrem os anos, ganham importância as preocupações resultantes da formação de famílias, nascimento dos filhos, crise no casamento, formação de novos núcleos familiares. Depois dos cinquenta anos, com renda elevada, situação no mercado de trabalho mais ou menos estável, as aspirações se tornaram mais compatíveis com o possível (filhos deixando o lar), a sensação de felicidade inicia uma etapa ascendente. Chama a atenção que, nessas pesquisas, as dificuldades financeiras (perda de renda), limitações físicas, consciência da finitude que acompanham a denominada terceira idade não revertem a tendência ascendente.[5]

A crise na felicidade reportada nas faixas etárias intermediárias podem estar também sendo alimentadas pela tensão, particularmente intensa nessa etapa, entre o desenvolvimento profissional e as aspirações e demandas na vida privada. Criação dos filhos, tarefas domésticas, entre outras, adquirem importância, conflitando com as demandas oriundas da vida ativa (que, lembremos, nessa idade se encontra no ápice).[6]

Diferentemente do esperado, na literatura não se encontram textos que permitam assinalar com algum grau de convicção que a coorte (a geração ou o ano no qual a pessoa tenha nascido) seja uma variável relevante. Contudo Blanchflower e Oswald (2008) sugerem que as sucessivas populações nos EUA vêm apresentando indicadores de felicidade decrescentes, diferentemente da Europa, onde seriam crescentes. Só pesquisas futuras poderão determinar se a grande recessão

---

[5] Os sentimentos de tristeza, por exemplo, que intuitivamente se espera que pudessem crescer com o tempo de vida e acentuar-se na velhice são constantes, segundo Stone, Schwartz, Broderick e Deaton (2010).

[6] Em princípio, pela divisão do trabalho doméstico que culturalmente prevalece nas nossas sociedades, as mulheres deveriam sentir com mais intensidade essa tensão entre a vida profissional e familiar. Contudo Stone, Schwartz, Broderick e Deaton (2010) não encontram diferenças entre homens e mulheres no tocante à relação entre idade e bem-estar.

de 2007/2008, que penalizou de forma particularmente intensa a juventude de países como Portugal ou Grécia, deixou marcas perenes. Lembremos que existem elementos analíticos robustos sugerindo que iniciar a vida ativa no transcurso de uma recessão chancela a totalidade da fase profissional de um indivíduo (Ball, 2017; Oreopoulos; Von-Wachter; Heiz, 2017).

💰 Sexo (Homem/Mulher)

Em geral, os resultados das pesquisas indicam que as mulheres tendem a observar indicadores de felicidade superiores aos dos homens (Blanchflower; Oswald, 2004; Tay; Ng; Kuykendall; Diener, 2014; OCDE 2013; Wood; Rhodes; Whelan, 1989). Esses maiores índices de bem-estar parecem guardar pouca relação com outras estatísticas que apontam maior probabilidade de as mulheres terem experiências negativas no campo psicológico (depressão, ansiedade) (OECD, 2013). Não estão claras as causas desse aparente conflito. Uma possibilidade são formas e intensidades diferentes de expressar e declarar suas emoções. Outras variáveis também chamam a atenção. Em geral, no imaginário popular, existe a convicção de que, nos países onde a religião e cultura muçulmanas estão mais arraigadas e o status da mulher seria mais subalterno e subjugado, os indicadores de felicidade das mulheres relativamente aos homens seriam menores. Contudo essa presunção, não obstante sua plausibilidade, não é corroborada pelos resultados empíricos (Meisenberg; Woodley, 2015).

Apesar da discriminação no mercado de trabalho e as maiores taxas de desemprego que registram na maior parte dos países, as mulheres mostram maior satisfação em seus empregos que os homens. Aqui poderia estar uma das raízes que explicam o diferencial de felicidade em favor delas. Clark (1997) conjectura que a maior satisfação no posto de trabalho se deve a uma menor expectativa sobre a vida profissional. Quanto maior o nível de educação da trabalhadora e menor sua idade, menor a distância entre homens e mulheres, atenuação que teria sua origem em expectativas mais elevadas nas das novas gerações, que teriam uma população feminina mais educada. Na medida em que um contingente de mulheres jovens com mais anos de estudo estão ingressando nos mercados de trabalho da maioria dos países, esse perfil da força de trabalho pode explicar a tendência de queda relativa (aos homens) dos indicadores de felicidade da população de sexo feminino (Stevenson; Wolfers, 2009).

Essa maior satisfação no emprego quando a comparação é homem/ mulher, não obstante a discriminação no mercado de trabalho, não pode ser assumida como uma indiferença das mulheres diante do preconceito e da diferenciação na hora das contratações e na fixação dos salários. Bjørnskov, Dreher e Fischer (2007), em uma pesquisa que inclui 66 países, concluem que as mulheres são mais felizes naqueles países com menor discriminação e, talvez surpreendentemente (ou não), os homens também evidenciam maiores indicadores de felicidade. Esse efeito positivo da menor discriminação das mulheres sobre o bem-estar dos homens se observaria nas faixas médias e elevadas de rendimentos.

As diversas legislações introduzidas nos últimos cinquenta anos para ampliar as opções das mulheres, o controle de suas vidas e corpos têm diversos impactos sobre as autoavaliações de felicidade. Pezzini (2005) encontra que a disponibilização da pílula anticoncepcional e o direito ao aborto tiveram impacto positivo sobre as declarações de bem-estar. Contrariamente, a legislação que amplia a proteção no emprego em caso de maternidade não parece ter tido efeito. E, paradoxalmente, a possibilidade de divórcio com consentimento mútuo apresentou um impacto negativo. Segundo Pezzini, um maior controle dos nascimentos permitiu às mulheres administrar o número de filhos e o momento de tê-los. Essa administração da maternidade possibilitou maiores investimentos na sua própria educação e na administração de sua vida privada e profissional. Todos esses fatores vão no sentido da elevação do bem-estar das mulheres.

Existe, contudo, uma abordagem um pouco diferente, quase oposta. Tendo como referência um particular desenvolvimento teórico e a experiência dos EUA, Akerlof, Yellen e Katz (1996) sugerem que o "poder de barganha" das mulheres caiu com a introdução de métodos anticoncepcionais e isso explicaria a denominada "feminização da pobreza". O argumento seria mais ou menos o seguinte: à medida que é relativamente fácil evitar ou interromper uma gravidez, os casamentos forçados (*shotgun weddings*) decaíram. Em outras palavras, o "poder de negociação no mercado de matrimônio" teria se reduzido para as mulheres. Sempre segundo o artigo que estamos comentando, a responsabilidade pela gravidez teria se circunscrito à mulher e a gestação já não induziria um casamento forçado. Nessas circunstâncias, as mulheres cairiam na pobreza mais frequentemente (tanto pelo número de filhos como pelo fato de não poder administrar sua vida educacional/profissional). Ou seja, uma revolução tecnológica e cultural (os métodos contraceptivos modernos e a possibilidade de aborto legal) teriam gerado uma perda de bem-estar nas mulheres que não adotaram a "nova tecnologia".[7] Neste caso o balanço seria incerto (teriam mulheres "perdedoras" e "ganhadoras, como em toda revolução tecnológica") e a "feminização da pobreza" seria a manifestação da perda de bem-estar de parte do universo feminino.

Ou seja, historicamente, as pesquisas induzem a concluir que as mulheres se autodeclaram mais felizes que os homens. Não obstante a discriminação salarial, a maior taxa de desemprego, a dupla jornada (atividades no lar e mercantis), aspectos psicológicos e emocionais particulares (maior incidência de depressão, ansiedade) e mesmo a segregação aberta em certos países, o mundo feminino se mostra mais satisfeito com sua vida que o masculino. Esse perfil pode estar mudando, alterado pelo crescente nível de educação, a maior participação política e social, o maior controle sobre suas vidas e seu corpo. Contudo, contrariamente ao esperado, essa modernização, no lugar de ampliar a vantagem a favor das mulheres, parece estar aproximando a sensação de seu bem-estar ao percebido pelos homens, e nesse sentido existem elementos para concluir que pode estar em curso uma deterioração nos seus índices de felicidade.

💰 Casamento-Separação

Quando a variável considerada diz respeito à condição de casado ou solteiro (seja porque nunca casou ou porque está separado) existe uma clara unanimidade: os casais são mais felizes que vivem sem par (Myers, 1999;

---

[7] Nas palavras de Akerlof, Yellen e Katz (1996, p. 277): "Several models illustrate the analogy between women who do not adopt either birth control or abortion and the handloon weavers, both victims of changing technology" ["Diversos modelos ilustram a analogia entre mulheres que não adotam nem o controle de natalidade nem o aborto com máquinas teares manuais, ambas vítimas da mudança tecnológica", em tradução livre] . Um dos autores desse *paper* foi George A. Akerlof (1940-), Prêmio Nobel de Economia em 2001. O texto pode transmitir a impressão de ser um tanto machista e economicista. Sobre a designação de economicista, deixamos para o leitor sua avaliação. Sobre a possível qualificação de "machista", devemos mencionar que um dos autores é uma mulher e nada menos que Janet L. Yellen, que foi presidente do Banco Central dos EUA (o FED) entre 2014 e 2018. Em uma decisão pouco comum, ela não foi reconduzida ao cargo por Donald Trump.

Zimmermann; Easterlin, 2006; Clark; Diener; Georgellis; Lucas, 2008). Podem existir mudanças segundo o país, a idade, a renda ou o sexo, mais o impacto positivo de estar morando com um companheiro parece generalizado (Veenhoven, 2010).

No aspecto econômico, por que estar casado seria uma vantagem? Segundo Becker (1973, 1974c, 1981), o casamento seria uma vantajosa forma de divisão do trabalho no lar e de maximização do bem-estar. Não é nosso objetivo discutir as razões econômicas ou de outra índole do casamento, o certo é que as estatísticas deixam poucas dúvidas referentes ao impacto positivo do casamento sobre as declarações de felicidade.

Contudo temos de avaliar o casamento sob o prisma conceitual mais geral desenvolvido no Capítulo 2. Lembremos que uma das explicações do Paradoxo de Easterlin está vinculado ao processo de adaptação que seria inerente ao ser humano. Mudanças na renda, tragédias, entre outros, estariam submetidos a esse princípio: depois da variação inicial, o processo de acomodação conduziria a um retorno à felicidade anterior ao evento. Nesse sentido, não existem motivos para identificação do casamento como sendo a exceção que confirma a regra. Assim, passado o impacto inicial positivo, não haveria um retorno ao status inicial? Existem resultados de pesquisas que confirmam essa dinâmica e o casamento não fugiria aos processos de adaptação, sendo o impacto sobre o bem-estar transitório (Stutzer; Frey, 2006; Lucas; Clark; Georgellis; Diener, 2003).

No caso do matrimônio, já que é avaliado concomitantemente com outras variáveis (desemprego, por exemplo), a questão da relação de causalidade se coloca de forma nítida: o casamento faz as pessoas mais felizes (ao menos no primeiro momento) ou as pessoas felizes são mais propensas a contrair matrimônio? Uma pessoa depressiva, irritadiça, estressada deveria ter menos probabilidade de encontrar alguém para compartilhar seu cotidiano. Stutzer e Frey (2006) dão a essa pergunta uma resposta positiva: pessoas felizes que vivem só são mais propensas a contrair casamento que indivíduos infelizes.

Então o processo seria mais ou menos o seguinte. Temos um nível de felicidade reportado pelas pessoas solteiras (ou separadas ou viúvas). Contraem casamento, o nível de felicidade se eleva transitoriamente e retorna ao nível prévio ao matrimônio.[8] Em geral, esses indivíduos já tinham aludido a um patamar elevado de bem-estar. Contudo outro decurso é imaginável. Em certas (e não poucas) ocasiões, esse nível se deteriora devido à crise do casal. Ou seja, temos um nível de felicidade antes do matrimônio, que se eleva, transitoriamente, depois da formação do casal para depois retornar ao patamar prévio. Mas no caso de uma derrocada da relação, o patamar de felicidade se deteriora, resultando em patamares inferiores aos registrados antes do casamento. A degradação pode ser tal que o desfecho seja a separação e, nesse caso, já sozinhos, os dois indivíduos, separadamente, voltam a recuperar o grau anterior. Assim os dados indicam que o divórcio e a separação têm impacto negativo sobre o bem-estar. Mas temos de ter cuidado com a interpretação. Os casais que se separaram já registravam baixos índices de bem-estar pela crise em seu casamento. Não foi o divórcio que provocou deterioração da qualidade de vida, senão o impasse no seu matrimônio que resultou no fim da coabitação. A sensação de bem-estar se eleva nos anos posteriores ao retorno à vida desacompanhado (Gardner; Oswald, 2006; Powdthavee, 2011).

De forma um pouco ousada, os economistas também tentaram responder à seguinte pergunta: por que certos casais mantém os vínculos e outros não? Níveis de educação próximos, compartilhamento de ideários políticos, religiosos e valores culturais são variáveis que tornam os casamentos mais duradouros (Stutzer; Frey, 2006).[9] Esta compatibilidade vai ao encontro do proposto pelos trabalhos seminais de Becker (1973, 1974) sobre o matrimônio, visto como uma instituição na qual se desenvolvem processos de otimização de renda e bem-estar mediante divisão do trabalho.

O sexo aparece como outra variável que, pesquisada por economistas, tem forte correlação com a felicidade, tanto para homens como para mulheres (Blanchflower; Oswald, 2004). Os casados tenderiam a ter um maior número de relações e o nível de educação teria um impacto sobre os vínculos entre sexo e felicidade: quanto maior os anos de estudo, mais importante se revela o fator sexo no indicador de bem-estar. Mas a renda dos indivíduos tem impacto indireto sobre a felicidade via sexo? Blan-

---

[8] A transitoriedade seria de mais ou menos 3 anos (Clark; Diener; Georgellis; Lucas, 2008).

[9] Essa natural aproximação para a formação de casais entre indivíduos da mesma educação e posição na hierarquia social tem efeito sobre a distribuição de renda e na inércia da mesma no tempo. Ver Greenwood; Guner; Kocharkov; Santos (2014).

chflower e Oswald concluem que sim, mas não mediante a quantidade de parceiros sexuais. Em outros termos, quanto maior a renda, maior a atividade sexual e maior o grau de felicidade, mas não mediada pela quantidade de parceiros. Ou seja, o dinheiro pode até viabilizar a ampliação de parceiros sexuais, mas parece não comprar frequência sexual.

💰 Filhos

Intuitivamente e também no imaginário popular, os filhos seriam uma das fontes não monetárias de felicidade. Os dados trabalhados pelos economistas, contudo, não apontam nessa direção ou, no mínimo, induzem a dúvida. Os resultados positivos, quando encontrados, indicam que esse maior bem-estar não foge à lei da adaptação, ou seja, é transitório (Powdthavee, 2011) e o impacto sobre a felicidade depende de um balanço entre custos e benefícios (Zimmermann; Easterlin, 2006).

No tocante à adaptação, os dados indicam que de imediato antes do nascimento e no período imediatamente posterior o bem-estar se eleva, mas logo depois retorna aos níveis precedentes (inclusive pode cair com respeito à base) (Clark; Diener; Georgellis; Lucas, 2008).

Quando a perspectiva é em torno do balanço entre benefícios e custos dos filhos, o saldo é ambivalente, quando não, negativo (Alesina; Di Tella; MacCulloch, 2004). Em termos de "benefícios", os filhos podem dar um sentido à vida e podem ser aproximados a "um bem de consumo": os pais obtêm uma recompensa (utilidade) de sua existência (Becker, 1981). Os custos são diversos. Aumentam as preocupações e demandam tempo, reduzindo os períodos nos quais os adultos interagem com amigos, dedicam ao esporte, lazer. Por outra parte, os filhos têm custos financeiros, reduzindo a disponibilidade de recursos para atividades que dão mais satisfação aos pais.

Ou seja, contra toda intuição, os resultados dos testes levados adiante pelos economistas não permitem concluir que os filhos acrescentem, no longo prazo, bem-estar a seus pais. Verifica-se um impacto transitório e os rebentos não fugiriam à regra geral de adaptação.

Viuvez

Os dados cruzando autodeclaração de bem-estar e perda (por morte) do companheiro é uma das experiências que tem maior impacto negativo sobre a sensação de felicidade (ver, por exemplo, Clark; Diener; Georgellis; Lucas, 2008). Porém é processo de adaptação mediante; os indivíduos voltam ao nível anterior de felicidade, tomando mais tempo no caso dos homens (quatro anos) que no das mulheres (dois anos).

Aqui gostaríamos de chamar a atenção para essa capacidade de adaptação diante diferentes situações. Vimos, no capítulo anterior, o impacto negativo que o desemprego tem sobre o bem-estar do indivíduo. As cicatrizes que a falta de emprego gera nas pessoas são duradouras, só parcialmente revertidas pelo passar do tempo (Clark; Diener; Georgellis; Lucas, 2008). Contrariamente, as sequelas da perda do cônjuge são revertidas de forma mais ou menos rápida (já indicamos que, em média, somente dois anos no caso das mulheres). Esse diferencial (cicatrizes tão profundas e duradouras no caso do desemprego e importantes, mas transitórias, no caso da viuvez) pode outorgar argumentos àqueles que conferem, ao trabalho, singular importância e centralidade nas sociedades modernas. A perda de forma transitória de um emprego deixa vestígios mais duradouros nas emoções que a perda definitiva de um cônjuge. Esse fato nos obriga a retornar a um tema (tempo de trabalho oferecido no mercado e lazer) que abordamos no capítulo anterior.

O Tempo de Trabalho e Não Trabalho

Estudamos, com algum detalhe (Capítulo 3), que o modelo standard considera duas variáveis como sendo as responsáveis pelo bem-estar de um indivíduo: consumo e lazer. Deixando de lado as horas que dedica ao sono (imaginemos um intervalo em torno de 7–8 horas/dia), as restantes 16–17 horas as pessoas poderiam alocar ao trabalho mercantil (que tem como contrapartida um salário que viabiliza o consumo) ou ao não trabalho que seria o lazer.

Este arcabouço teórico padece de uma limitação conceitual e de uma simplificação talvez não muito adequada das escolhas às quais todo indivíduo se defronta.

No tocante à fraqueza conceitual, identificar o trabalho exclusivamente como sacrifício vai de encontro a toda a ideologia moderna que identifica a inserção no mercado de trabalho como o principal caminho de socialização. A relevância de estar ocupando um posto de trabalho é de tal magnitude que, como vimos, a perda do emprego deixa cicatrizes que superam, em duração, a perda de um cônjuge.

Mas, além dessa deficiência conceitual e falta de ancoragem empírica, a simplificação diz respeito à identificação do tempo de não trabalho, o tempo de lazer. Esse reducionismo é ilusório. As tarefas domésticas, o tempo de viagem entre o trabalho e o lar, entre outros, são afazeres que dificilmente possam ser automaticamente identificadas como fontes de lazer. Mesmo assim, essa classificação merece ser mais bem qualificada. Por exemplo, limpar a casa (uma tarefa doméstica) com certeza será uma atividade que muito poucas pessoas identifiquem como lazer. Cozinhar (outra tarefa doméstica), talvez sim. Cuidar das crianças, assistir TV, sair com amigos, ir ao supermercado são todas atividades que preenchem o tempo entre as horas de sonho e as obrigações mercantis. Algumas delas podem proporcionar algum grau de satisfação ou realização, outras certamente vão ser assumidas com aborrecimento e, logicamente, a singularidade de cada indivíduo vai determinar o par atividade/lazer. Para certas pessoas, cozinhar para ela, para a família e amigos pode ser uma fonte de realização. Para outras, um martírio.

O certo é que o modelo tradicional, no qual todo o tempo de não trabalho mercantil é lazer, é uma radical e inconveniente simplificação. Na economia da felicidade é particularmente popular uma abordagem denominada de ESM — *Expirience Sampling Method* (Larson; Csikszentmihalyi, 1983), que consiste em uma declaração do indivíduo em cada momento do tempo (dia) de sua atividade e as sensações que está experimentando.[10] Kahneman e Krueguer (2006) utilizaram uma metodologia próxima para reconstruir as atividades de um indivíduo ao longo da jornada e, simultaneamente, indagando suas sensações, seja seu bem-estar, seja de desconforto.[11] No DRM — *Day Reconstruction*

---

[10] Uma crítica a esse método diz respeito à interferência que reportar a atividade e a sensação que proporciona em tempo real podem ter sobre as próprias variáveis (a atividade e a sensação).

[11] Na verdade, Kahneman e Krueguer (2006) operam diversas qualificações positivas (feliz, agradável) e várias negativas (estressante, tedioso).

Method — de Kahneman e Krueguer, toda atividade de um dia é contabilizada retrospectivamente (o cômputo seria do dia de ontem, por exemplo) quanto às sensações que proporciona e dos resultados de seus experimentos afloram diversos interrogantes e ambiguidades. Vamos nos deter em alguns deles.

O trabalho seria uma das atividades que menos bem-estar proporciona, só perdendo para o tempo gasto na mobilidade entre a casa e o emprego. Ou seja, esse seria um indicativo que as hipóteses assumidas pelo modelo padrão estão bem próximas das encontradas nos experimentos. Então a pergunta é: por que o trabalho, sendo a atividade que menos proporciona retorno emocional, e simultaneamente a condição de desocupado são o que mais gera desventuras? Não existe consenso sobre a centralidade do emprego na socialização dos indivíduos nas sociedades modernas? Além de ser uma fonte de renda, o emprego não é o espaço de uma série de relações sociais e pessoais que, em princípio, proporcionam alegrias? Em Kahneman e Krueguer, as relações pessoais durante o tempo de emprego (*socializing at work*) que não sejam relações profissionais propriamente ditas estão bem situadas entre as ações diárias que proporcionam bem-estar, inclusive superando assistir televisão. As relações pessoais depois do trabalho (*socializing after work*) também geram bem-estar, só perdendo para as relações sexuais. Vemos, assim, que o trabalho parece ser uma fonte de felicidade, mas não pelas tarefas profissionais realizadas nele, senão pelos nexos sociais e pessoais que a condição de ocupado proporciona.

Confirmando o que já mencionamos sobre o impacto na felicidade dos filhos, o cuidado deles tende a ter, nos resultados de *Day Reconstruction Method* de Kahneman e Krueguer, uma tarefa desagradável, inclusive mais aborrecedora que fazer as tarefas da casa (limpar, por exemplo).

Mas temos de ter cuidado com a sensação que estamos pesquisando, um aspecto que já mencionamos no Capítulo 2. Os resultados do *Day Reconstruction Method*, em Kahneman e Krueguer (2006), um artigo extremamente citado na literatura, a principal fonte de "felicidade" seriam as relações sexuais. Com relação à sua contribuição ao balanço do bem-estar diário, seu peso é marginal, seja porque o tempo gasto nelas é bem reduzido (menos de meia hora, diante de, por exemplo, quase 7 horas no caso do trabalho) seja porque a quantidade de pessoas que praticaram na pesquisa é reduzida (12%). Porém este é um aspecto que nos deve induzir a refletir: é pertinente identificar prazer (o que proporcionaria uma relação sexual) com felicidade? Como indicamos no Capítulo 1, um viciado em crack obtém um intenso prazer quando se droga depois de um período de abstenção, mas podemos identificar essa sensação com uma vida feliz? De outro modo, uma vida sexual satisfatória pode ser crucial no balanço cognitivo a ser realizado quando se pergunta a um indivíduo sobre o seu grau de felicidade.[12] Ou seja, não seria o ato em um dia particular o elemento que proporciona felicidade e sim uma atividade. É diferente um ato sexual de uma vida sexual. O primeiro pode determinar a sensação em um momento e o segundo contribuir para o balanço cognitivo de uma vida. Por exemplo, sempre acompanhando os resultados de Kahneman e Krueguer, relaxar seria, depois das relações sexuais e da socialização após o trabalho, a atividade que mais proporciona bem-estar. Mas cabe nos perguntar se, sobre o cômputo cognitivo de uma vida feliz, o relaxamento ocupa um lugar importante (se ocupa algum lugar) no acerto entre aspectos positivos e negativos. Devido a esses pormenores, Kahneman e Deaton (2010) chamam a atenção sobre a definição da variável que estamos pesquisando: felicidade afetiva ou cognitiva? No entanto, como bem salientam Kahneman, Krueger, Schkade, Schwarz e Stone (2006), o *Day Reconstruction Method* não leva em consideração a renda, senão as atividades. Se queremos pesquisar e debater o impacto da renda nos indicadores de felicidade, contabilizar as atividades diárias (o tempo gasto em cada atividade e o retorno em termos de sensações que proporciona) não seria a melhor estratégia.[13]

💰 Tempo Livre (Relações com amigos e trabalho não mercantil)

Nos anos 1990, e diante do crescimento do desemprego nos países centrais (particularmente na Europa Continental), um diagnóstico adquiriu certa popularidade: o desemprego seria uma consequência do

---

[12] Logicamente, para certos indivíduos, a ausência de atividade sexual também pode ser uma fonte de felicidade.

[13] Ainda que, naturalmente, possamos construir um índice de felicidade segundo a contabilidade diária e depois correlacionar o mesmo com o nível de renda.

aumento da produtividade.[14] Ou seja, na medida em que há necessidade de menos gente para produzir um dado produto, o corolário dessa elevação seria um excedente de força de trabalho. O crescimento poderia constituir um antídoto. Contudo dois fatores limitariam a possibilidade do aumento do produto para neutralizar os efeitos (negativos) da elevação da produtividade sobre o emprego. O primeiro seria de magnitudes relativas. O suposto aumento do produto por empregado seria de tal grandiosidade (devido às novas tecnologias) que supor plausível sua neutralização pelo crescimento é uma ilusão fadada ao fracasso. A segunda restrição seria de ordem ecológica. Mesmo assumindo uma possibilidade (ainda que teoricamente não realista) do acréscimo do PIB amortecer o impacto das inovações tecnológicas, a demanda de recursos naturais e a poluição geradas por esse maior consumo/investimento seria de tal magnitude que comprometeriam a civilização tal como hoje a conhecemos, e mesmo a sobrevivência do homem.

Qual seria a alternativa ou a opção de política? A resposta seria simples (muitos até poderiam qualificá-la de simplória): a redução da jornada de trabalho. Sinteticamente o argumento seria o seguinte.

O trabalho pode até ser a principal esfera de socialização nas sociedades modernas, mas os imperativos de lucratividade e eficiência do setor privado sempre o tornarão alienante, estressante, competitivo. Ou seja, nunca poderá ser visualizado como uma fonte de realização.[15] A felicidade de um indivíduo só poderia ser cultivada nas suas horas livres, mediante o trabalho não mercantil (atividades voluntárias, por exemplo), na apreciação das artes ou literatura, na contemplação, na prática de esportes, na vivência com amigos. Só no tempo livre um indivíduo poderia realizar afazeres que lhe reportem satisfação com a vida.

Ampliar o tempo livre seria, assim, um objetivo de política, uma meta que teria que perseguir qualquer sociedade cujo desejo seja ampliar o grau de realização das pessoas como seres humanos. Mas esse objetivo se complementaria com a necessidade de combater o desem-

---

[14] A abordagem que apresentaremos nos seguintes parágrafos pode ser encontrada em Gorz (2003).

[15] Neste sentido, muitos dos autores que defendem essa perspectiva (inclusive Gorz) têm uma relação conflitiva com Marx. Para este, o trabalho, na sociedade futura (socialista), não seria alienado, uma vez que nessa sociedade utópica os trabalhadores teriam se apropriado dos meios de produção. Ou seja, o trabalho nem sempre seria alienante ou, mais concretamente, seria alienante na sociedade capitalista, mas não na socialista.

prego, e a ponte entre ambos objetivos seria a redução da jornada de trabalho. Um dado PIB precisaria, por conta da produtividade, de determinada quantidade de horas/homem de trabalho. Então o desafio seria dividir essa quantidade de horas/homem pela população ativa, de modo que todo mundo estivesse ocupado (*worksharing*). Se o aumento da produtividade gera menor necessidade de trabalho para um dado PIB, a solução seria reduzir a quantidade de horas por pessoa e não deixar uma parcela dos assalariados sem emprego. Assim não unicamente se reduziria o desemprego (o que favoreceria a elevação da felicidade), como também se aumentaria o tempo livre (o que também favoreceria a realização dos cidadãos).

Em termos teóricos e empíricos, esse diagnóstico sofre diversos questionamentos e reveses.

Conceitualmente, o modelo standard questiona a relação entre emprego, produto e produtividade que sumarizamos nos parágrafos anteriores (Gonzaga; Menezes Filho; Camargo, 2003; Pereira; Gonzaga, 2001). O raciocínio anterior pode ser ilustrado com o seguinte exemplo. Suponhamos que o PIB de um país esteja representado por 100 carros que são produzidos por 10 assalariados trabalhando 8 horas. Ou seja, temos que para produzir 100 carros são necessárias 80 horas/homem de trabalho. Consideremos que nesse hipotético país temos 1 desempregado. Se reduzimos a jornada de trabalho dos já ocupados para 7,27 horas para produzir 100, vamos precisar de 11 assalariados. Isto é, essa sociedade teria elevado sua felicidade tanto por ter gerado um novo posto de trabalho (ou reduzido o número de desempregados) como por ter ampliado o tempo livre. Ocorre que o modelo standard argumenta que a produtividade de cada hora trabalhada não é idêntica. Assim a primeira hora trabalhada não tem a mesma produtividade da segunda, sendo esta última menor. Esse suposto impede que a produtividade média (que surge de dividir o produto pelo emprego) seja representativa da produtividade de cada hora e, portanto, todo o raciocínio fica comprometido.

Permanecendo nos limites das considerações teóricas, não existe nada que garanta que o tempo livre vá ser utilizado em atividades nobres para com outros (trabalho voluntário e solidário para com espécies em extinção ou com pessoas com alguma incapacidade, por exemplo) ou em atividades que ampliem o âmbito espiritual (literatura, meditação, música erudita). Uma alternativa que não pode ser descartada é a utilização do tempo livre em atividades menos nobres e sofisticadas, por exemplo, permanecer durante mais horas na frente de uma televisão. Logicamente, essas atividades que supostamente não seriam tão meritórias também podem trazer bem-estar e os índices de felicidade se elevariam. Assim, justificar a redução da jornada de trabalho por um hipotético impacto no crescimento pessoal através de práticas supostamente nobres não se sustenta e manifesta uma perspectiva paternalista.[16] O aspecto a ser avaliado é: o aumento das horas livres afeta positivamente a felicidade? Concretamente, Alesina, Glaeser e Sacerdote (2005) encontram que, quanto menores forem as horas trabalhadas, maiores serão os índices de felicidade. Aqui não corresponde polemizar sobre as formas de utilização do tempo livre e estabelecer uma suposta hierarquia meritória de atividades. Teoricamente, a escolha será sobre as atividades que reportem maior bem-estar e, nesse sentido, não corresponde graduar as opções escolhidas, seja ficar passivamente mais horas na frente da televisão, comprometendo sua saúde pelo sedentarismo, ou realizar atividades para salvar um dialeto em vias de extinção ou praticar esportes ao ar livre. O concreto é que, independentemente do juízo que cada indivíduo possa fazer sobre uma determinada iniciativa, o aumento do tempo livre parece elevar a satisfação das pessoas com a vida.

Em termos empíricos, o diagnóstico segundo o qual a tecnologia redundaria, necessariamente, em maior desemprego e menor felicidade, foi desmentido pela experiência histórica. Diversos países que se singularizam pelo notável crescimento da produtividade (como os EUA, por exemplo, tido como a fronteira referente à eficiência) lograram atingir o pleno emprego. Ou seja, o presumido conflito entre emprego e aumento da produtividade, que era assumido de forma pessimista pelo diagnóstico que estamos apresentando, não se concretizou. A diversidade de situações tende a sugerir que as instituições nacionais que regulam o mercado de trabalho são as responsáveis pela variedade de resultados, com países com profundos e estruturais problemas de emprego (Espanha, Grécia, França) e economias que tendem a ter um equilíbrio de pleno emprego (EUA, Áustria, países nórdicos). Avaliações empíricas para o Brasil sugerem que o desdobramento de uma redução da jornada

---

[16] A Economia da Felicidade, nas sugestões de política que dela se podem deduzir, muitas vezes é imputada como tendo certo viés paternalista. Abordaremos este tema no próximo capítulo.

pode ser até negativo (reduzir a jornada reduziria também o emprego) (Menezes Filho; Camargo, 2003). Tentativas de diminuir o desemprego via redução da jornada foram feitas na Europa. O governo socialista de Lionel Jospin legislou a favor da redução, obrigatória, da jornada de trabalho de 35 horas para todas as empresas a partir de 1º de janeiro de 2002. A medida sempre foi motivo de debate, sendo os impactos sobre o emprego duvidosos. Hoje esse debate está fora da agenda e a regra parece ser ir no sentido contrário (reverter esse marco legal).[17]

Também em termos empíricos, o conjectural enorme impacto que as novas tecnologias teriam sobre a produtividade tampouco se concretizou. Ao contrário, a produtividade parece estar longe de atingir as taxas de crescimento dos anos 1950 e 1960 e a essa desaceleração é, em parte, atribuída a suposta "estagnação secular" que hoje pode estar presenciando a economia mundial (Gordon, 2016). Ou seja, outra das justificativas sobre as quais estavam ancoradas as sugestões de redução da jornada de trabalho não parece uma discussão contemporânea. Ao invés disso, hoje os esforços de pesquisa tentam identificar que fatores impedem que a revolução tecnológica em curso se traduza em elevações da produtividade.[18]

💰 Liberdade/Democracia

A liberdade (de expressão, de escolha dos governantes) é uma variável que, intuitivamente, não poderia fugir de qualquer pesquisa sobre os determinantes da felicidade de uma população. Os resultados das investigações vão ao encontro da intuição. Dorn, Fischer, Kirchgässner e Souza-Poza (2007) constatam uma forte correlação entre as declarações de felicidade das populações e o nível de democracia, este medido através do grau de concorrência nos processos eleitorais e o grau de porosidade do sistema político aos militantes não oriundos das elites. Em geral, a participação dos cidadãos na vida política, o grau de pro-

---

[17] Voltaremos sobre esse tema no próximo capítulo, quando abordamos as opções de política pública.

[18] Existem diversas tentativas de explicação, mas sua apresentação foge a nossos objetivos neste livro. Por exemplo, a "Teoria da Paciência", que sustenta que temos de ser pacientes, uma vez que o impacto das revoluções tecnológicas na produtividade demoram a se concretizar. Por exemplo, a organização da firma deve ser funcional às mudanças tecnológicas no ambiente e existe uma inércia nas formas de organização.

ximidade dos habitantes com seus eleitos e a correspondência entre os desejos e necessidades da população e os resultados das dinâmicas no mundo da política têm impacto no grau de satisfação com a vida (Frey; Stutzer, 2000).[19] Estes dois últimos autores estudam um caso particular, a Suíça, onde as iniciativas populares e os referendos são usuais.

Como já mencionamos, quando avaliamos o caso dos gastos públicos (ver Capítulo 3), a percepção de corrupção tem impacto negativo sobre a sensação de felicidade dos cidadãos. A eficiência e confiança nos serviços públicos e nas práticas governamentais e a percepção de honestidade nas instâncias decisórias estatais (ou seja, o que comumente se denomina de boa governança) resultam em elevações nas autodeclarações de bem-estar (Helliwell; Huang, 2008).

Essa confiança nas instituições pode ser afetada pelas experiências individuais de cada cidadão em uma única dimensão. Assim um desempregado tenderá a questionar a eficácia e eficiência da totalidade do contexto institucional (segurança, justiça, saúde) e não unicamente uma esfera (por exemplo, a administração macroeconômica) (Hudson, 2006). Nessa perspectiva, o mal-estar e a descrença nas sociedades europeias hoje em dia, com todo o sistema político/institucional refletido no crescente peso nas votações do populismo, podem ser resultado de uma única variável (por exemplo, desemprego ou migração), que acaba por ter sequelas sobre o conjunto do sistema legal/institucional (por exemplo, a União Europcia, o euro).

A relevância do contexto institucional (corrupção, igualdade de gênero, liberdade de expressão, estado de direito) é de tal magnitude que muitas vezes se aproxima, em importância, à relevância que tem o dinheiro (renda). Segundo Veenhoven (2010), a importância da impressão de corrupção é próxima à da renda *per capita* (logicamente com sinal negativo no caso da corrupção, e positivo na renda). Impactos significativos na felicidade têm outros espaços, como a observância às regras da legislação (direito), igualdade de gênero, em todos os casos superando, e muito, aspectos como a igualdade de renda.

---

[19] Frey e Stutzer (2000) realizam sua pesquisa na Suíça. Por ser um país de muita migração e radical federalismo, proporciona uma boa base para diversos exercícios empíricos. Por exemplo, a extensão da participação cidadã mediante referendos e propostas de iniciativas populares varia muito de cantão para cantão. Assim, cruzando dados de migração entre cantões (cidadãos que mudaram de cantão), observa-se um resultado robusto do impacto (positivo) da democracia participativa no grau de felicidade.

Mas, nos argumentos que desenvolvemos nos parágrafos anteriores estamos misturando, de forma pouco precisa, dois aspectos que são qualitativamente distintos. O primeiro diz respeito aos resultados dos processos decisórios nas instâncias políticas. Ou seja, os cidadãos valoram se as ações dos governos se concretizam e guardam correspondência com suas necessidades, mas não unicamente isso. Ao valorar espaços como a observância às regras do direito por todos, está se enaltecendo o processo e não unicamente o resultado. Quer dizer, é relevante o desfecho, mas também a forma como se chegou a esse desfecho. No jargão mais técnico, a essa valorização do processo se conhece como "utilidade procedural", ou seja, os indivíduos obtêm utilidade não unicamente do output, senão da forma (o processo) como se chegou a esse resultado. Existem evidências empíricas da importância da "utilidade procedural". Frey e Stutzer (2005), por exemplo, comparam, controlando por outras variáveis, os indicadores de felicidade de suíços e migrantes (estes sem direito a participar dos processos eleitorais). Os desdobramentos da dinâmica institucional beneficiam a ambos, mas o diferencial está na participação no processo. Os resultados são inequívocos: quanto maior é a democracia direta do cantão, maior é a distância nas autodeclarações de bem-estar entre suíços e migrantes. Ou seja, o processo importa.

A "utilidade procedural" também é relevante quando avaliamos processos históricos bem específicos. Utilizemos o caso da China e do Brasil. Durante os últimos quarenta anos, depois da morte de Mao, o primeiro país obteve taxas de crescimento excepcionais, que permitiram retirar da pobreza enormes contingentes da população. A China deixou de ser um país pobre e passou a integrar a classe média mundial.[20] No começo da transição do período pós-maoísta, a pobreza atingia quase a totalidade da população (90%). Hoje esse percentual chega a 5%.[21] Obviamente, esse desempenho econômico não pode ter deixado de ter impacto (positivo) sobre o nível de bem-estar. Mas esse "milagre" foi operado por um regime ditatorial, sem liberdade de expressão, ausência de democracia participativa. Ou seja, se esse regime tem alguma legitimidade foi graças à performance econômica. Os ganhos do output,

---

[20] O PIB *per capita* da China foi de 15.500 em 2015 (quanto à paridade de poder de compra). Em 1990 era menos de mil (Fonte: Banco Mundial).

[21] Fonte: Banco Mundial.

quanto ao bem-estar, parecem ter compensado as perdas, também relativas ao bem-estar, dos processos. O problema pode emergir no caso de esse "milagre" perder fôlego. Nesse caso, a relação perdas-ganhos pode se reverter, comprometendo a forma de governança. Historicamente, o caso do Brasil pode ser ilustrativo. A ditadura, produto do golpe de 1964, gerou um dinamismo (o denominado "milagre brasileiro", com taxas de crescimento do PIB de até 15% ao ano) que de alguma forma compensava a falta de liberdade de expressão, a ausência de processos eleitorais democráticos. Com abrupta reversão nos percentuais de variação do produto (quedas nos anos de 1981 e 1983), os custos em termos de "utilidade procedural" não compensaram os ganhos de resultados (na realidade chegaram a ser perdas nos anos de recessão) e o regime perdeu legitimidade, resultando na abertura democrática.

💰 Meio Ambiente

O termo meio ambiente pode englobar os mais diversos aspectos: ar puro, diversidade biológica, paisagens naturais, mudanças climáticas. Em geral, na maioria dos casos, esses bens não têm mercado e sua destruição não entra na contabilidade do PIB. Justamente uma das críticas aos sistemas de contas nacionais é a não inclusão da "pegada ecológica" no cômputo dos fluxos de renda. Vimos, no Capítulo 1, que Nordhaus e Tobin (1972) foram pioneiros nas iniciativas que tentaram ampliar as dimensões consideradas nos cálculos do produto. Desde então as tentativas se ampliaram e hoje tem inúmeros ensaios nessa direção.

Quase sempre os benefícios e os custos que não têm mercado são denominados pelos economistas de "externalidades". A beleza de uma paisagem, o horizonte que nos permite apreciar um pôr de sol, respirar ar puro (ou, contrariamente, inalar ar poluído) são "bens" que não têm mercado, mas incidem na qualidade de vida dos habitantes. Geralmente o denominado progresso, associado em muitos casos ao aumento do PIB *per capita*, tem custos em termos ambientais. Paisagens naturais desfiguradas, ar poluído, horizontes perdidos são custos que o PIB não contabiliza e que reduzem o bem-estar das populações.

Mas o tópico não se reduz aos custos, uma vez que as atividades que geram esses custos, em princípio, têm algum benefício para a sociedade. A construção de um edifício de apartamentos pode descaracterizar a paisagem (custo), mas, teoricamente, disponibiliza habitações para os residentes (o benefício). A complexidade da questão está na contabilidade assimétrica, porque, ao ter mercado, o benefício pode ser monetizado e o preço é uma aproximação (mesmo que grosseira e imperfeita) da utilidade que o comprador terá desse apartamento.[22] E o custo dado pelos horizontes perdidos? Não tem mercado, não tem preço e, ao não ser quantificado, o dano parece "não existir". Aqui entra a imaginação dos economistas e uma das alternativas encontradas é: quanto os habitantes estariam dispostos a pagar para conservar a vista dos horizontes?[23] Obtido esse dado, nos custos teriam de ser contabilizados os fluxos monetários que compensariam, em nosso exemplo, a perda da visão dos horizontes.[24]

Obviamente o meio ambiente tem um impacto sobre a sensação de bem-estar das pessoas.[25] Poluição do ar nas grandes aglomerações urbanas, as perdas de espaços tradicionais e deslocamentos da população (como é o caso na construção das grandes represas no Brasil e dos grandes conjuntos habitacionais na China), entre outros, não podem deixar de ter impacto na satisfação com a vida que as pessoas sentem. Todavia os economistas que pesquisam a economia da felicidade não unicamente estão ensaiando quantificar as relações entre custos ambientais e as sensações reportadas de satisfação, senão imaginando construir uma metodologia alternativa às tradicionais formas de internalizar custos não pecuniários. Vamos nos deter nessa tentativa.

Na teoria, o problema é similar àquele que introduzimos no capítulo anterior, quando apresentamos o *trade-off* (conflito entre objetivos) entre

---

[22] Aqui podemos estar diante de um problema de desigualdade. Ou seja, os benefícios estão restritos aos compradores e os custos podem não recair sobre eles (no nosso exemplo, os que perderam a paisagem podem não ser os que adquiriram os apartamentos). Esses problemas de desigualdade podem até acentuar as questões que levantaremos a seguir, mas sua apresentação ultrapassa aos nossos objetivos neste livro.

[23] A contabilização dos custos mediante a disposição a pagar dos afetados se conhece na literatura anglo-saxã como WTP (*willingness to pay*).

[24] Estamos simplificando, mas, em essência, essa é a forma como os economistas tentam administrar bens que não têm mercado. A literatura sobre o tema é ampla e as alternativas diversas. Por exemplo, pode-se tentar quantificar as preferências por meio da procura de bens que sejam próximos aos avaliados e que tenham mercados.

[25] Por exemplo, a mudança climática pode também ser discutida quanto ao seu impacto nas declarações sobre satisfação com a vida. O clima parece estar robustamente relacionado com os índices de felicidade (Rehdanz; Maddison, 2005). Voltaremos a esses aspectos nos próximos parágrafos.

inflação e desemprego. Os dois têm impactos negativos sobre a qualidade de vida, mas, segundo a Curva de Phillips, reduzir um redunda em aumentar o outro. Agora, estaríamos diante de um *trade-off* entre renda e meio ambiente. Em outras palavras, elevar a renda implicaria deteriorar o meio ambiente (ou o contrário) e ambos (renda e meio ambiente) teriam relação positiva sobre o nível autodeclarado de bem-estar. Se essa relação é certa, em termos conceituais teríamos como aproximar o valor (monetário) dado, por exemplo, à poluição. Imaginemos dois indivíduos que expressam o mesmo nível de felicidade. Um tem renda de 1.000, e outro, de 800. Na cidade da pessoa com renda de 1.000, a concentração de partículas finas no ar é x. Na aglomeração do cidadão que apresenta renda de 800, o ar é puro. Uma vez que os dois declaram o mesmo índice de felicidade, podemos concluir que, referente à renda, o ar puro (em comparação à concentração de partículas finas em x) pode ser valorado em 200. O mesmo raciocínio desde outra perspectiva: caso seja implementada uma política de desenvolvimento que gere a poluição do ar de x partículas finas, o aumento da renda terá de ser de, no mínimo, 200. Se for inferior, o bem-estar dos cidadãos se deteriorará. Uma terceira possibilidade de leitura. Se na aglomeração que apresenta poluição e renda de 1.000 o governo consegue implementar uma política de ar puro, os ganhos de felicidade monetizados correspondem a uma quantia de 200. Diversos trabalhos publicados alimentam a possibilidade de a economia da felicidade apresentar uma opção de medição superior (em termos conceituais e metodológicos) ao tradicional cálculo através da disposição a pagar (Frey; Luechinger; Stutzer, 2009; Ferreira; Moro, 2010; Welsh, 2002, 2006).

Esses desenvolvimentos teóricos se cristalizaram em diversos estudos empíricos. Luechinger (2009), por exemplo, estuda a poluição do ar por dióxido de enxofre e as autodeclarações de bem-estar na Alemanha, e encontra uma forte correlação.[26] Welch (2006, 2007) analisa o impacto de diversos poluentes do ar nos indicadores de satisfação com a vida e conclui que os impactos são diferentes segundo o tipo de contaminação, fato que inibe generalizações. Por exemplo, a poluição

---

[26] Luechinger (2009) encontra que quanto mais o indivíduo está comprometido com o meio ambiente e quanto maior for sua consciência sobre os danos à saúde que essa poluição provoca, maior será o impacto negativo sobre a autodeclaração de felicidade. Por outra parte, o impacto negativo seria superior quando a metodologia empregada diga respeito às declarações de bem-estar quando a comparação são as metodologias de internalização de custos tradicionais (disposição a pagar, por exemplo).

por partículas não teria impacto, mas sim a contaminação por dióxido de nitrogênio e chumbo. Inclusive, as compensações monetárias seriam bem diferentes: 900 dólares/ano no caso de dióxido de nitrogênio e 1.400 no caso de chumbo.

Sabe-se que o clima é uma variável importante na explicação dos indicadores de felicidade. Schwarz e Clore (1983), em uma análise experimental, encontraram que o tempo influencia o humor e este, por sua vez, promove as autodeclarações de bem-estar. Nesse sentido, dias com sol influenciam, positivamente, a disposição das pessoas e esse ânimo confiante acabaria gerando respostas esperançosas sobre a satisfação com a vida.[27] Contudo esse estreito vínculo entre clima e autodeclarações de bem-estar não está isento de questionamentos. Lucas e Lawless (2013), por exemplo, tendo como referência uma ampla amostra (um milhão de habitantes dos EUA em 50 estados) rejeitam essa suposta associação entre clima e respostas dadas nas pesquisas de felicidade.

Mas temos que ter cuidado com tais correlações porque dizem mais respeito à "felicidade afetiva" que à "felicidade cognitiva" (ver Capítulo 2). Quando o indivíduo entrevistado é induzido a realizar um "balanço ou avaliação" de sua vida, é mais difícil que essa avaliação seja afetada pelas circunstâncias do dia. Ou seja, um dia de sol pode alterar o humor de forma circunstancial, mas dificilmente pode influenciar (e mesmo se influenciar, o fará de forma marginal) o balanço de uma vida. Mas, já distante do curto prazo, o "clima estrutural" (clima frio, temperado, tropical, a quantidade de dias com chuva, o vento) pode afetar a percepção de vida, entendida como balanço geral e não pontual. Frijters e Praag (1998) utilizam a Rússia como área de pesquisa. Pelo seu caráter continental e a heterogeneidade de seu clima, esse país é um excelente referencial para pesquisa. Os resultados não deixam dúvidas e vão ao encontro do intuitivamente esperado. Regiões com fortes ventos, com frios extremos, pouco sol promovem classificações negativas nas respostas sobre as condições de felicidade. No outro extremo, elevadas temperaturas e umidade reduzem as autoavaliações de bem-estar.

---

[27] Messner e Wänke (2011) contestam Schwarz e Clore (1983) e invertem a relação de causalidade: o estado de espírito influenciaria as avaliações sobre o tempo. Nesse sentido, uma condição jovial tenderia a uma avaliação mais benevolente do tempo. Nessa interpretação, não seriam as condições meteorológicas as que pautariam as declarações de satisfação com a vida, senão o estado de ânimo.

Se nos remetemos a esses aspectos estruturais do clima e não aos pontuais, a mudança climática global em curso não poderia deixar de ter repercussão no bem-estar das populações e, mais importante, uma repercussão desigual. Regiões muito frias, com mínimas extremas, poderão se beneficiar, e, em paralelo, regiões tropicais podem ver suas máximas aumentar, com corolários negativos sobre os indicadores de felicidade (Rehdanz; Maddison, 2005).

💰 Religião

Os vínculos entre religião e desempenho econômico estão particularmente bem ancorados em diferentes escolas de pensamento e, talvez, a principal referência nesse sentido seja Max Weber e seu texto *A Ética Protestante e o Espírito do Capitalismo* (Weber, 1904-1905).[28] No caso de a religião ter algum vínculo com a performance da renda *per capita* e esta ter desdobramentos sobre a felicidade, temos que, indiretamente, a religião teria nexos com o bem-estar dos indivíduos. Obviamente, os elos podem, também, ser mais diretos com a religião, afetando diretamente a satisfação com a vida.

Um aspecto pode estar vinculado a essas complexas interações entre religiosidade, renda e felicidade: por que muitos países com renda média têm índices de felicidade próximos de nações com elevadíssimo PIB *per capita*? Será que essa aproximação na satisfação com a vida, não obstante a distância no grau de desenvolvimento, não pode ser explicada pela maior religiosidade? Por exemplo, o índice de felicidade da Costa Rica é superior ao calculado na Áustria e nos EUA. A Guatemala, com uma renda *per capita* de 7,7 mil dólares (corrigida pela paridade do poder de compra) apresenta um indicador de felicidade superior ao da França (país com um PIB *per capita* de 41 mil dólares).[29] Será que a religiosidade não pode ajudar a entender essa incongruência?

Com efeito, não obstante as distintas interpretações que ensaiam estabelecer a relevância das crenças religiosas sobre o processo de crescimento de longo prazo (talvez a mais conhecida seja a tentativa de

---

[28] O livro é, na realidade, uma série de ensaios publicados entre 1904 e 1905, e depois recompilados.

[29] Fonte: Banco Mundial (para a renda *per capita* corrigida pela paridade do poder de compra); United Nations (2017) para a felicidade.

Weber associar a reforma protestante ao capitalismo), o certo é que, nas modernas democracias liberais que regulam os sistemas políticos dos países mais desenvolvidos do mundo, a religiosidade de seus povos caiu. Contrariamente, em países de renda baixa a importância de Deus e da religiosidade em geral é considerável. Em Bangladesh, Níger e Iêmen, por exemplo, países que se situam entre os mais pobres do mundo, 99% dos habitantes declaram que a religião é importante no seu cotidiano. Na Suécia esse percentual cai para 16%, sendo de 19% na Dinamarca.[30] Crabtree e Pelham (2009), da Gallup, afirmam:

> *Gallup Polls in 143 countries reveal that among countries where average annual incomes are $2,000 or less, 92% of residents say religion is an important part of their daily lives. By contrast, among the richest countries surveyed — those where average annual incomes are $25,000 or more — that figure drops to 44%[31]*

Ou seja, seguindo a Inglehart (2010), é factível supor que os indivíduos seguem dois caminhos na procura por bem-estar ou felicidade. Um seria o prevalecente em sociedades tradicionais ou arcaicas e está dado pela religião. Seus rituais, livros sagrados, prédicas dos sacerdotes outorgam um sentido à vida, apaziguam angústias metafísicas, delimitam as fronteiras entre a virtude e o vício, entre o "bem" e o "mal". Nas democracias liberais modernas, as instituições e o marco legal regulam os limites do possível e o permitido. A liberdade individual, o respeito à diversidade de comportamento, a participação política, a renda/consumo/emprego, entre outros, seriam as fontes que alimentam o bem-estar. Isso não significa que mesmo dentro das modernas sociedades de renda elevada a religião não seja relevante. Por exemplo, nos EUA, 65% dos indivíduos afirmam que a religião é importante em seu cotidiano (o percentual mais elevado entre os países desenvolvidos).[32]

---

[30] Fonte: Gallup.

[31] "Pesquisas da Gallup em 143 países revelam que entre as nações nas quais a média anual de renda é de 2 mil dólares ou menos, 92% dos residentes dizem que a religião é uma parte importante do seu cotidiano. Contrariamente, entre os países mais ricos pesquisados, aqueles com rendas médias anuais de 25 mil dólares ou mais, esse percentual cai para 44%", em tradução livre.

[32] Fonte: Gallup.

Contudo nas sociedades seculares do Ocidente, ricas economicamente, livres com relação à expressão, politicamente democráticas e respeitosas dos direitos individuais, a religião não seria um amparo para compensar um cotidiano desfavorável.

A questão agora é: se a felicidade está influenciada por um leque tão grande de variáveis (que vão desde a renda, passam pela inflação e desemprego e desembocam em itens tão pessoais e subjetivos como a religião, o matrimônio, os filhos), em que medida sua procura pode ser um objetivo de política pública? Pode um parâmetro de percepção subjetiva da felicidade substituir o PIB, a inflação ou o desemprego como meta a ser perseguida pelos governos? A procura por maior felicidade justificaria a suposta pretensão de um governo de imiscuir-se em dimensões tais como a religiosidade, os laços familiares? Os resultados teóricos e empíricos das pesquisas na área da economia da felicidade são um mero passatempo acadêmico sem maiores consequências quanto à política pública? Esses temas merecerão a nossa atenção no próximo capítulo.

CAPÍTULO 5

Economia da Felicidade, Objetivos e Formulação de Políticas Públicas

❝As sociedades que esperam sua felicidade da mão de seus governos esperam uma coisa que é contrária à sua natureza**❞**

Juan Batista Alberdi

❝Quem acredita num crescimento infinito num planeta fisicamente finito, ou é louco ou economista**❞**

David Attenborough

💰 Uma Assinatura Pendente

A Economia da Felicidade está teoricamente ancorada, com suas óbvias particularidades, na escola de pensamento denominada de utilitarista. Explicitamos essas raízes conceituais no Capítulo 1.

Em termos menos analíticos e tendo como referência o contexto histórico no qual se consolida, a Economia da Felicidade se nutre de uma crescente insatisfação com o PIB como indicador de progresso e bem-estar. Essa crítica aos resultados da Contabilidade Nacional corriqueira merece uma leitura desde duas perspectivas diferentes, mas complementares.

O primeiro olhar, de forma, geral, censura a adoção do PIB e do crescimento econômico (oferta de bens e serviços à disposição das sociedades) como um objetivo em si mesmo. O esgotamento dos recursos naturais, a radical queda da biodiversidade, a poluição, o estresse e os impactos negativos na saúde mental que resultam da procura desenfreada por maior produtividade, as perdas de patrimônios culturais seriam os custos inexoráveis de um falso bem-estar associado a um consumismo desenfreado. Os movimentos ecológicos que tentam restringir áreas geográficas da exploração econômica, as instituições sociais que propõem um consumo social e ambientalmente consciente e moderado, privilegiando a produção local, o reciclado, a *slow life*, de alguma forma são a manifestação, em diferentes dimensões, de uma crescente dubiedade à identificação do progresso com elevação do PIB. A proliferação de novos indicadores (IDH, capital social) elaborados em ambientes acadêmicos e instituições nacionais e multilaterais são outra manifestação do crescente desconforto com o PIB como parâmetro que sintetiza os avanços de uma sociedade. Nesse contexto, a Economia da Felicidade pode ser identificada como outra manifestação na procura de reflexões analíticas e sugestões de parâmetros de medição alternativos ao PIB. Diante disso, seriam as autodeclarações subjetivas de bem-estar os insumos capazes de, mediante sua quantificação, constituir uma estatística (ou talvez "o" indicador) síntese capaz de espelhar a prosperidade de uma sociedade.

A segunda perspectiva está referenciada na suposta falta de associação entre PIB *per capita* e os parâmetros de felicidade declarados pelos indivíduos. Aqui a questão é estatística: as duas séries divergem, com um aumento exponencial da renda na maioria dos países (especialmente os desenvolvidos) e uma estagnação e insensibilidade no bem-estar subjetivo reportado. Ou seja, o Paradoxo de Easterlin que já mencionamos e avaliamos nos Capítulos 1 e 2.

Temos, assim, dois movimentos que confluem na mesma direção e que se complementam. O Paradoxo de Easterlin outorgaria sustentação empírica a movimentos contestatórios oriundos das mais diversas escolas e ideologias.

Esta é a questão que devemos abordar: é possível substituir o PIB e seus "companheiros" (desemprego e inflação) por outro parâmetro? Se tirarmos o PIB ou o desemprego ou a inflação como bússola para as ações de governo, o que colocamos no lugar?

💰 O PIB é Insatisfatório, mas o que Colocamos em seu Lugar?

Observemos que o PIB, o desemprego ou a inflação (os três parâmetros clássicos que pautam as ações dos governos em quase todos os países atualmente), não obstante suas limitações, são construções estatisticamente robustas e gozam, em termos metodológicos, de um amplo consenso, factíveis de serem comparadas no tempo e espaço. O PIB, por exemplo, com todas as suas limitações (ver Capítulo 1), constitui um parâmetro que tem sua construção sistematizada por normas internacionais, aceitas pela totalidade dos países. Ou seja, não obstante as enormes diferenças culturais, na organização política, um analista pode comparar o PIB *per capita* da Suíça e Guiné-Bissau ou pode confrontar o PIB *per capita* da Suíça hoje com seu nível em 1940. Logicamente que podem existir erros oriundos da extensão da economia informal, muito maior na Guiné-Bissau que na Suíça. Metodologicamente, e no refinamento, o indicador atual na Suíça pode ter diferenças daquele elaborado setenta anos atrás. Mas, em termos gerais, o PIB é um parâmetro que suporta confrontações no tempo e no espaço. A taxa de desemprego constitui uma medida mais polêmica. Mas, em termos muito gerais, sua elaboração também está regulada por normas internacionais (neste caso, pautadas pelos critérios da OIT — Organização Internacional do Trabalho). Podem existir controvérsias sobre seu cálculo e variantes (desemprego aberto ou oculto pelo trabalho precário ou pelo desalento, por exemplo), mas, via de regra, especialmente dentro de cada país, é uma estatística que pode ser monitorada na conjuntura e, nesse sentido, ser objetivo de política. No caso da inflação, seu cálculo não apresenta grandes controvérsias, e também pode ser acompanhada no curto prazo e constituir uma meta de governo.

Ou seja, essa tríade (PIB, desemprego e inflação) compõe uma base útil para direcionar políticas e estabelecer (especialmente no caso do PIB) avaliações de longo prazo e entre países. Mas, tão importante quanto robustez metodológica dos indicadores, é a especificação teórica de variáveis que impactam neles. PIB, desemprego e inflação são construções estatísticas com pouca margem para sofisticados debates teóricos. Em geral, são o produto do trabalho de instituições nacionais de estatística. Na especificação dos nexos entre esses indicadores (objetivos de política) e os instrumentos adequados para alterá-los, transitamos da contabilidade para a teoria. Neste caso, os debates podem ser intensos. A inflação é um produto, exclusivamente, da política monetária? Podemos alterar o desemprego mediante a política fiscal? A taxa de poupança é crucial para que um país cresça? A lista é longa, mas esses são exemplos das usuais controvérsias entre economistas.

Todavia, à margem desses debates, existe um relativo consenso sobre as variáveis factíveis de serem utilizadas para atingir esses objetivos. A controvérsia gira em torno da política monetária, fiscal, poupança, investimento, abertura ao exterior. A sedimentação da economia como disciplina foi agregando consensos e desavenças, escolas de pensamento rivais foram se formando, mas hoje a maioria do debate em economia gira em torno de variáveis (instrumentos de política) a serem utilizadas para atingir os objetivos. Todavia, existe consenso nos instrumentos. Vamos ilustrar essa anuência. Certas correntes acham que a política monetária é crucial para administrar a conjuntura, outros não outorgam tanta relevância. Mas existe consenso que a política monetária é uma ferramenta a ser levada em consideração. Outro exemplo: o Banco Central é uma instituição essencial no controle da inflação. Para certos economistas mais essencial que para outros, mas certamente, em todos os casos, é a instituição a levar em consideração quando se debate inflação.

Quando transitamos do PIB (ou da inflação ou do desemprego) para os denominados novos indicadores, esses grandes consensos começam a se diluir, seja em termos metodológicos seja em torno dos instrumentos de política capazes de alterar as estatísticas. Vamos nos deter primeiro nos aspectos metodológicos para depois passar aos instrumentos.

💰 Aspectos Metodológicos e Fragilidades dos Novos Indicadores

Em primeiro lugar, existe uma superabundância de indicadores que são candidatos a substituir o PIB postulando a incorporação de aspectos negligenciados por este último, como os custos do meio ambiente e o esgotamento dos recursos naturais, os perfis distributivos, impactos na saúde. Os proponentes desses indicadores vão desde instituições do âmbito das Nações Unidas (como o IDH, proposto pelo

Programa das Nações Unidas para o Desenvolvimento — PNUD) ou multilaterais em geral (como o *Better Life Index,* da OCDE), passando por organizações acadêmicas ou da sociedade civil (como o ESI — *Economic Sustainability Index*, construído por centros da Yale University, Columbia University e o Fórum Econômico Mundial) e chegam até índices mais específicos de organizações militantes (como o *Living Planet Index* da WWF — *World Wide Fund for Nature*). Nas últimas décadas assistimos a uma multiplicação exponencial desses indicadores, todos tentando, a partir de diversas perspectivas, disponibilizar uma estatística de progresso que não se restrinja à oferta de bens e serviços mercantis, que inclua estes, mas também contabilize os custos sociais e ecológicos. Os indicadores de felicidade subjetiva que são pesquisados por diferentes levantamentos se situam neste leque de novos critérios para medir conceitos muitas vezes difusos, como verdadeira riqueza, qualidade de vida, progresso econômico com responsabilidade social e ambiental. Em todos os casos o denominador comum é um inconformismo ou mal-estar com o PIB como parâmetro para avaliar a prosperidade de uma sociedade.

Dessa forma, ao transitar de uma reflexão acadêmica a um debate sobre política ou de uma dimensão positiva para outra normativa, um primeiro inconveniente está situado na ausência de um consenso sobre "o" indicador a ser utilizado, aquele que balizará as discussões ou a pesquisa. Essa confluência é crucial, uma vez que precede o debate sobre os instrumentos a serem utilizados para atingir um dado objetivo como sociedade. Se retornamos à economia como ela é assumida corriqueiramente, uma disciplina que gira em torno de eficiência, alocação de recursos ou distribuição de renda, todas as escolas (sejam elas monetaristas, das expectativas racionais, keynesianas, pós-keynesianas), por sobre suas diferenças, terão um fator que as aglutine e em torno do qual girarão os debates: o PIB. Se retiramos essa forma de contabilidade, temos uma quase infinita gama de possibilidades de escolha para pôr no seu lugar e, quase paradoxalmente, a amplitude do conjunto tolhe a confluência. O que colocamos no lugar do PIB? O IDH, algum "PIB Verde", determinado parâmetro de qualidade de vida, certo indicador subjetivo de felicidade? Ou seja, precisaríamos de um processo similar ao que Kuznets deslanchou na década de 1930, no qual, a partir de um esforço metodológico realizado para contabilizar os custos econômicos da crise desse período, foi gerada uma dinâmica aglutinadora que culminou com uma padronização da contabilidade realizada no âmbito das Nações Unidas.

Atualmente essa confluência não existe. Esse processo não é plausível, uma vez que as dimensões que são consideradas nos novos indicadores são diversas (impactos ambientais e sustentabilidade ecológica, distribuição de benefícios e custos entre habitantes hoje e nas gerações futuras, autodeclarações de bem-estar subjetivo). No PIB existe só uma dimensão (a mercantil ou atividades que tenham alguma contrapartida mercantil, como é o caso dos impostos e salários pagos nas atividades oferecidas gratuitamente pelo Estado). Além dessa unidimensionalidade, os aspectos subjetivos estão quantificados por meio dos preços e quantidades. Ou seja, não existem espaços para as peculiaridades intrínsecas de cada indivíduo na construção da estatística.

No caso dos novos indicadores, a subjetividade faz parte da construção. Tomemos dois exemplos. No caso do IDH se consideram três dimensões: renda, expectativa de vida e educação. Por que essas dimensões? Por que não são considerados aspectos do meio ambiente? Por que não é levado em consideração o impacto do presente no bem-estar das gerações futuras? Poderíamos estender as perguntas quase até o infinito e a raiz dos problemas está na subjetividade que permeia a escolha das dimensões que vão compor esse indicador. Já no caso do *Better Life Index*, da OCDE, são avaliados: habitação, emprego, renda, educação, meio ambiente, rede de apoio social, compromisso cívico, saúde, satisfação com a vida, seguridade e balanço vida–trabalho.[1] Alguns indivíduos podem achar que esses componentes são muito extensos e vários deles dispensáveis. Outros podem conjecturar que itens se sobrepõem (por exemplo, balanço vida–trabalho e satisfação com a vida) e faltam outros, como compromisso com as gerações futuras. Todas as subjetividades são válidas e representam preferências, sistema de valores, crenças, convicções de cada indivíduo. Mas se essas subjetividades são válidas, podendo chegar a ser contempladas, estamos quase na fronteira da impossibilidade de construir um indicador síntese que balize reflexões teóricas abstratas e que defina o alvo na formatação e avaliação de políticas públicas.

---

[1] Ver: http://www.oecdbetterlifeindex.org.

Ou seja, temos a questão da subjetividade das dimensões a serem consideradas. Se esse aspecto já fragiliza qualquer indicador que pretenda concorrer com o PIB, quando destrinchamos metodologicamente os novos indicadores, rapidamente esbarramos em outra ambiguidade. Estamos nos referindo ao peso que deve ser outorgado a essas dimensões. Por exemplo, os vínculos sociais podem ser importantes na determinação da sensação de bem-estar, mas sua relevância é superior à renda? Se é superior, em que magnitude? O meio ambiente (qualidade do ar, espaços verdes) merece ser considerado, mas qual deverá ser sua ponderação na construção do índice? Em todos os casos, a subjetividade (ou o sistema de gostos e valores de cada indivíduo) é crucial na atribuição dos pesos. Não existe nenhum critério técnico para determinar qual será a ponderação. Qual seria a instituição ou a esfera política que determinaria esses pesos? O instituto nacional que constrói as estatísticas? Obviamente que a resposta é negativa, uma vez que, ao poderem ser definidos critérios técnicos, os pesos representariam o vetor de gostos e valores das autoridades desse instituto. Tomemos o caso do IDH do PNUD. As três dimensões consideradas (renda *per capita*, longevidade e educação) têm o mesmo peso. Essa é uma possibilidade. É uma escolha metodológica. Porém é perfeitamente válido alterar esses pesos segundo a importância que cada indivíduo outorgue a cada dimensão.

Nesse sentido é bem ilustrativo o *Better Life Index* da OCDE. No *site* www.oecdbetterlifeindex.org é possível ao leitor ponderar as 11 dimensões segundo seus valores ou gostos. Por exemplo, se o leitor confere extrema importância à renda *per capita* e nenhuma relevância ao meio ambiente, os EUA estariam no topo do ranking e a África do Sul ocuparia o último lugar. Contrariamente, se atribuímos à renda *per capita* uma relevância média e uma extrema importância ao meio ambiente, a Noruega ocupa o primeiro lugar. Podemos, também, desconsiderar todas as dimensões menos uma: a satisfação com a vida, que seria o nosso parâmetro de felicidade autodeclarado. Nesse caso, lideram os países europeus como Noruega, Dinamarca, Finlândia e Islândia. O *Better Life Index*, como é disponibilizado, ao possibilitar fazer exercícios alterando os pesos segundo o vetor de valores/gostos do usuário, coloca em evidência, de forma nítida, a dificuldade de construir um parâmetro "livre de subjetividades".

Dessa forma, os novos indicadores de bem-estar, ao terem como vocação superar o PIB e incorporar a suposta multidimensionalidade de fatores que dizem respeito à nossa qualidade de vida, evidenciam uma enorme fragilidade, uma vez que a subjetividade permeia tanto a escolha das dimensões como o peso que se outorga às mesmas. Nesse sentido, substituir o PIB pela autodeclaração de felicidade permitiria o retorno a um indicador unidimensional e, assim, livre das subjetividades que surgem da escolha das dimensões e de sua ponderação.

Além desse aspecto metodológico, um indicador construído a partir das autodeclarações de bem-estar seria superior àqueles que contemplam diversas dimensões em termos conceituais. É factível esperar que todas as dimensões (por exemplo, renda *per capita*, saúde, educação, meio ambiente) se manifestem (ou sejam sintetizadas) na autodeclaração de felicidade subjetiva. Qual seria o objetivo de ter um ar mais limpo, espaços verdes adequados, um bom sistema de saúde se esses aspectos não se traduzem em uma maior sensação de bem-estar? Por outra parte, as dimensões a serem consideradas já estariam implícitas ou, em outras palavras, estariam "a cargo" de cada indivíduo. Poderíamos fazer a mesma consideração com respeito às ponderações. Nesse sentido, a unidimensionalidade e as preferências das pessoas também, como no caso do PIB, seriam relevadas por uma estatística.

Contudo, uma vez que estamos sugerindo que um indicador de felicidade poderia ser um candidato robusto para substituir o PIB, teríamos de avaliar em que medida um parâmetro que sintetize a sensação de satisfação com a vida pode ser, como hoje é o PIB, um balizador de políticas públicas ou, em outros termos, um objetivo de política. Dedicaremos os próximos parágrafos a qualificar essa possibilidade.

O Índice de Felicidade como Objetivo de Política Pública: paternalismo e coordenação.

A Questão do Paternalismo

Como vimos no capítulo anterior, as pesquisas acadêmicas em torno da economia da felicidade utilizam uma série de parâmetros que dizem respeito a âmbitos que dificilmente podem ser imaginados como sendo objetivo de política. Por exemplo, matrimônio/ divórcio, sexo, religião são tópicos vinculados à esfera privada dos indivíduos que fogem aos objetivos de um governo, ao menos em sociedades minimamente democráticas. Em ditaduras podem, sim, integrar alvos das ações governamentais. A título de ilustração podemos citar o caso da religião nos países administrados por Estados cuja ideologia oficial era o marxismo-leninismo. Uma vez que as crenças religiosas eram associadas a uma alienação que devia ser combatida e superada, sua prática era reprimida em prol de um futuro no qual os cidadãos supostamente atingiriam uma nova condição (um "novo homem").[2] Podemos fazer alusão, também, à política de filho único da China, na obrigação da utilização do véu nas mulheres em certos países muçulmanos. Em todos os casos, a direta (e autoritária) intervenção do Estado em aspectos íntimos ou muito pessoais da vida dos cidadãos pode ser crucial na determinação do grau de satisfação das pessoas com a sua vida. Mas, em geral, esses controles (ou tentativas de controle) só se verificam em regimes que podem ser caracterizados como ditaduras ou muito autoritários.

À margem desses casos, um aspecto que merece ser debatido diz respeito à intervenção olhada como certo paternalismo. Lembremos que, para o modelo standard em economia, os consumidores têm um dado leque de preferências que são reveladas no mercado. Dadas as restrições que enfrenta (renda, por exemplo), a escolha de consumo é racional e vai maximizar sua utilidade. Por exemplo, se ele obtém prazer no ato de fumar, sabe dos problemas de saúde que essa prática vai acarretar no seu futuro e gasta parte de sua renda no fumo, ele maximizaria seu bem-estar com essa conduta. Por que o Estado teria de intervir para penalizar esse consumo? Em princípio, diversas justificativas poderiam ser evocadas. Por exemplo, que o consumo foi induzido pela publicidade, que o consumidor não é consciente dos danos à saúde, que a fumaça afeta outras pessoas. Mas todos estes aspectos podem ser bem regulamentados, como

---

[2] Logicamente se poderia discutir se o marxismo-leninismo, convertido em ideologia de Estado, não era uma nova forma de religião. Foge a nossos objetivos discutir esses aspectos. De todas as formas, devemos mencionar que os indicadores de bem-estar subjetivo dos países da Europa Oriental, logo após a transição para economias de mercado e instituições próximas das democracias liberais do Ocidente, estão bem abaixo do que corresponderia a seus níveis de renda *per capita*. Décadas de repressão às religiões tradicionais e o afundamento das ideologias estatais talvez tenha deixado essas populações sem marcos de referência em termos de valores e sentido de vida. Fica em aberto se essa insatisfação é transitória (devido à incerteza que acompanha toda mudança e à queda da proteção social), se vai se diluir à medida que novas instituições se consolidam, ou se vai ser permanente. Sobre o ponto, consultar Alesina e Fuchs-Schuendeln (2007).

proibir a publicidade e popularizar os danos sobre a saúde, não permitir a prática em lugares que podem afetar outros indivíduos, entre outros. Assim, nesse contexto, dada uma adequada regulamentação, pretender reduzir esse hábito pode ser caracterizado como uma iniciativa paternalista. Ou seja, mesmo de posse de todas as informações, o consumidor seria "míope", estaria limitado na sua capacidade de prever o futuro e, nesse sentido, estaria cerceado na sua habilidade de obter seu máximo bem-estar intertemporal.

Como o costume de fumar pode ser associado a um vício, vamos ilustrar essa suposta limitação na capacidade do indivíduo com uma regulamentação não associada a um comportamento vicioso: o uso do cinto de segurança. Deve o Estado impor a sua obrigatoriedade? Eleva a felicidade dos indivíduos impor essa prática? Se eleva, por que as pessoas precisam dessa imposição? O indivíduo não olha com precisão os possíveis cenários futuros? Teríamos de ter uma espécie de, nas palavras de Thaler e Sunstein (2003), "paternalismo libertário"? Estaríamos diante de uma contradição (um *oxymoron*), uma vez que o Estado interviria para alterar as preferências de um indivíduo em prol de sua felicidade? Estamos assumindo que o indivíduo é míope, não consegue tomar as iniciativas que maximizam sua felicidade e um ente superior (neste caso o Estado) teria de induzir condutas? Não poderíamos estar diante de uma situação similar aos Estados que adotam o marxismo-leninismo e que proíbem práticas religiosas com uma retórica de libertação do próprio povo?

Sem chegar a questões ideológicas próprias das nações em que o marxismo-leninismo foi imposto como ideologia de Estado e permanecendo dentro dos limites do modelo econômico corriqueiro, tanto a suposta miopia dos indivíduos ou problemas de coordenação podem justificar a intervenção pública mediante a legislação. Vamos começar com os problemas de visão para depois dirigir as nossas atenções aos problemas de coordenação.

Basicamente, os problemas de visão dizem respeito a uma certa incapacidade dos indivíduos em prever, hoje, a sua utilidade futura com ações que são tomadas no presente. No momento da tomada de decisão (no linguajar dos economistas, *decision utility*), o agente antecipa uma utilidade futura, que pode não chegar a ser, no momento em que se concretiza (*experienced utility*), a antecipada (Kahneman; Thaler, 2006). Desta falta de correspondência pode-se deduzir que, em certas ocasiões, a intervenção do Estado, especialmente por meio de uma regulamentação, pode elevar o bem-estar do conjunto da sociedade. Tais temas adquiriram certa popularidade em 2017, quando o Prêmio Nobel de Economia foi outorgado a Richard H. Thaler, um dos teóricos nessa área. A palavra *nudge* (que pode ser traduzida como "empurrãozinho") se tornou comum nas análises e propostas de políticas públicas. Basicamente, é questionada a premissa segundo a qual a racionalidade que formata a maximização da utilidade de cada indivíduo tenha, como corolário, em qualquer contexto, o máximo bem-estar social e mesmo individual. Muitas vezes o próprio interesse do indivíduo pode ser direcionado, com uma legislação ou contexto institucional adequado, a um nível de bem-estar mais elevado sem infringir o processo de maximização e a livre escolha. Voltemos a nosso exemplo de saúde. Uma dada regulamentação pode obrigar a tornar mais visíveis a oferta de saladas e frutas (vis-à-vis a oferta de frituras e doces) nos restaurantes e deixar a escolha a cargo do consumidor. Esse "empurrãozinho" pode tornar as pessoas mais saudáveis, requerer menos gastos públicos com saúde. Diversos outros exemplos nas áreas de saúde, previdência, finanças poderiam ser dados. Mas o aspecto a ser ressaltado é: sem alterar o princípio da livre escolha por parte do consumidor, uma institucionalização conveniente pode elevar o bem-estar coletivo. Resumindo o argumento: em certos casos os indivíduos seriam "míopes" e um certo "paternalismo libertário" seria pertinente ou aconselhado.

Contudo a economia da felicidade propicia o uso desse "paternalismo" além das fronteiras dos *nudges*. Vamos nos deter com um certo detalhe nessas propostas de intervenção pública e suas justificativas teóricas.

A Questão da Coordenação

Lembremos que um ponto central da denominada *"neuroeconomics"* e aspecto central na Economia da Felicidade é: o relevante é a posição relativa e não absoluta — relativa com respeito ao passado do próprio indivíduo, com respeito às expectativas que foram criadas no passado ou com respeito a um grupo de referência. Nesse sentido, a racionalidade individual gerada pela preeminência do relativo sobre o absoluto resulta em estados que, tanto para o indivíduo quanto para o conjunto da sociedade, não constituem progresso. Toda iniciativa altera a situação do indivíduo, mas simultaneamente o processo gera externalidades nos outros indivíduos: minha decisão altera meu bem-estar e o bem-estar dos outros.

Para ilustrar essa situação, partamos de uma situação hipotética: um país com dois indivíduos com rendas de 100 e 50. Ou seja, o primeiro cidadão (chamemos de A) tem um rendimento 50% superior ao segundo (B). Essa configuração tem como corolário um dado parâmetro de felicidade agregada. Mas, na procura natural por uma sensação superior de bem-estar e devido à sua percepção estar determinada pelas posições relativas e não as absolutas, o cidadão A logra elevar sua renda para 120. Esse aumento pode provir da maior dedicação ao trabalho às custas da vida familiar ou de um projeto inovador; a origem não é relevante para a nossa análise. O processo é: o indivíduo A aumentou seu bem-estar uma vez que se distanciou, em termos de renda, do segundo cidadão, e simultaneamente alterou o bem-estar de B (externalidade). Para a sociedade, o balanço é incerto, uma vez que a elevação da sensação de felicidade de A se deu a custas de uma queda em B, que verificou uma deterioração. O cômputo geral pode ser negativo, neutro (soma zero) ou positivo. Mas a piora em B pode induzi-lo a tomar iniciativas para elevar sua renda, por exemplo, trabalhando mais às custas da vida familiar. Assumamos que, como consequência dessa atitude, a renda de B se eleva a 60. Nesse caso, teremos um acréscimo na sensação de felicidade em B e uma deterioração em A (externalidade). O balanço, outra vez, é incerto. Mas, em termos gerais, o desfecho é: retornamos à situação inicial (A ganhando 50% a mais que B). Uma vez que as posições relativas são as mesmas, o bem-estar reportado será também o mesmo. Contudo os dois indivíduos estão trabalhando mais; a maior renda muito provavelmente redundou na demanda de mais recursos naturais, maior poluição, maiores engarrafamentos. Assim vamos ter uma elevação na renda dessa sociedade (de 150 para 180, um aumento de 20%) sem que os parâmetros de felicidade tenham se alterado. Ou seja, caímos no Paradoxo de Easterlin.

Mas vamos deixar de lado por um momento a posição relativa com respeito ao grupo de referência a analisemos a posição relativa com respeito a seu próprio passado. Nesse caso o indivíduo A teve uma elevação transitória no seu bem-estar, uma vez que sua renda passou de 100 para 120. Por que transitória? Porque devido ao processo de adaptação, passado algum tempo, os 120 serão seu "novo normal" e a sensação pessoal de felicidade terá retornado ao nível anterior. Ou seja, aumentou a renda e, desde uma perspectiva de longo prazo, o bem-estar subjetivo não foi alterado. Caímos, outra vez, no Paradoxo de Easterlin.

Estamos, portanto, diante de um resultado não ótimo socialmente, corolário de racionalidades individuais corretas, tendo como referência as fontes que determinam a felicidade (as posições relativas). Layard (2006) compara esse processo à adição de uma droga, neste caso o consumo/renda. Um indivíduo, ao consumir uma nova dose da droga, só consegue satisfação temporária e, passado o efeito, volta à situação anterior, que só será alterada por uma nova dose. Inclusive, a dose, para ter efeito, possivelmente terá de ser incrementada, até que se converta em um novo normal e precise ser elevada uma vez mais.

Aqui estamos diante de duas dinâmicas que ocorrem de forma simultânea.

Um movimento está alimentado pela "miopia" dos indivíduos. Eles não conseguem prever corretamente o futuro de sua ação. No momento de tomar a decisão de consumir eles não antecipam que, no futuro, esse será o "novo normal", o impacto no bem-estar será transitório e terão de voltar a valer-se de outra "dose".

A esse aspecto se agrega outro: a externalidade ou falta de coordenação. Minha decisão altera meu bem-estar e o bem-estar dos outros (integrantes do grupo de referência). Ao alterar a felicidade dos outros, vou induzi-los a atitudes e comportamentos defensivos (tratam de conservar a posição relativa com respeito a mim).

Todo esse processo resulta em alterações transitórias (como a sensação de prazer de um dependente a cada dose de droga que é consumida) mas, no longo prazo, nada muda. O balanço seria, socialmente, negativo: mais consumo e renda, porém a mesma sensação de bem-estar, com correlatos de duvidosos benefícios (mais trabalho, menos tempo livre, mais poluição, menos biodiversidade, mais engarrafamentos).

De todo esse processo se conclui que a intervenção ou regulamentação estatal seria conveniente. A racionalidade individual não redundaria em um ótimo social. Em outros termos: um maior nível de bem-estar social poderia ser atingido com indivíduos que maximizem sua utilidade, mas sujeitos a determinadas restrições legais/ institucionais. Nos próximos parágrafos vamos discutir diferentes alternativas de política que estão alimentando o debate e que têm como denominador comum a rejeição do PIB como indicador de bem-estar das populações.

💰 Falta de Coordenação e Política Pública

Os problemas gerados pela falta de coordenação e os equilíbrios subótimos que esse fato gera são bem conhecidos pelos economistas e, na maioria dos casos, as recomendações de atuação do poder público vão no sentido da implementação de algum tipo de regulamentação via legislação. Um exemplo pode ilustrar a situação.

Suponhamos que menos poluição do ar em uma grande aglomeração urbana afete (negativamente) o bem-estar de seus habitantes. Assumamos que todos os cidadãos poderiam contribuir para melhorar a qualidade do ar mediante a utilização de catalisadores nos seus carros e os indivíduos saibam que possuir esse artefato no seu veículo pode contribuir para reduzir a poluição. Ou seja, as pessoas apreciam uma atmosfera menos poluída e sabem que suas atitudes podem contribuir para esse avanço. Devido a essas premissas, os indivíduos, na sua racionalidade, vão utilizar o catalisador nos seus carros? A resposta é negativa e a lógica que resulta nesse paradoxo é a seguinte. Se o indivíduo utiliza um catalisador e ninguém mais utiliza, o ar de sua aglomeração não melhorará. Ou seja, ele não tem motivos para comprar ou consertar o catalisador caso esteja com defeito. Se todo mundo utiliza o catalisador, o ar da cidade não vai se deteriorar porque o equipamento no carro dele não funciona. Ou seja, ele não vai comprar ou consertar o equipamento. Dessa forma, a racionalidade individual tem como corolário que ninguém vai investir no dispositivo, não obstante cada habitante, individualmente, apreciar um ar menos poluído e estar disposto a incorrer nos custos da compra ou reparação desse apetrecho. O resultado é um ar poluído e uma situação que não é ótima para o conjunto. Esse impasse pode ser resolvido mediante uma regulamentação que obrigue a utilização do catalisador, legislação que elevará o bem-estar coletivo.

No caso específico da elevação do consumo, vimos que também estamos diante de um problema de coordenação. No final do processo, temos uma situação próxima à inicial (em termos de felicidade) com, muito provavelmente, menos tempo livre, mais estresse. O desafio consiste, assim, em imaginar uma política pública que iniba as iniciativas individuais de diferenciação (por meio da elevação da renda/consumo). Layard (2005) propõe que seja o sistema tributário o mecanismo a ser utilizado para tolher essa corrida por maior renda individual que, no final, não vai beneficiar a ninguém. Formatar o sistema tributário progressivamente de tal forma que aumentos de renda sejam neutralizados a fim de não propiciar a corrida sem sentido por melhorar a posição relativa. Seria como retirar a possibilidade de aumentar a dose da "droga" (o consumo).

A proposta de Layard até que é imaginativa. Contudo a sua viabilidade referente à política pública talvez deixe a desejar. Com certeza existirão fortes resistências a fixar alíquotas de imposto de renda cada vez mais elevadas. Com efeito, se assumimos que, dado o crescimento da produtividade, a renda tenderá a se elevar, as alíquotas tenderão a se situar, em termos percentuais, cada vez mais elevadas. Se, na perspectiva de Layard, o consumo é uma droga cujo consumo deve ser estagnado e a renda tende, no longo prazo, a se elevar, para estagnar a "dose" as alíquotas tenderão também, no longo prazo, a se situar em patamares cada vez maiores.

Em contrapartida, Layard, um dos mais conhecidos teóricos da economia da felicidade, está certo quando a referência é a questão das posições relativas com respeito a um grupo de referência. Ou seja, se as posições relativas podem ser congeladas, a sensação de felicidade também tenderá a se solidificar. Mas, quando a referência não é um grupo (família, amigos), senão o passado do próprio indivíduo, as dúvidas sobre a pertinência do argumento são válidas. Um consumo/renda estagnado no longo prazo (ou seja, imaginar um futuro similar ao presente) leva a uma deterioração do bem-estar de hoje. Esse é um dos principais argumentos analíticos da economia da felicidade. Um horizonte superior ao presente faz parte dos processos neurológicos que determinam a satisfação com a vida do ser humano. O argumento de Layard só se sustenta no caso de assumir que as taxas crescentes de impostos serão revertidas em bens que não o consumo (bens públicos, por exemplo). Mas mesmo nesse caso, fugir da armadilha do Paradoxo de Easterlin não parece óbvio, uma vez que a questão central é o crescimento, seja de bens privados seja de bens públicos. Nos próximos parágrafos nos dedicaremos a apresentar e avaliar esses problemas.

💰 O "Decrescimento" e sua Viabilidade

Questionar o PIB como parâmetro bússola das decisões se nutre de duas escolas de pensamento. Por um lado, a economia da felicidade que, mediante o Paradoxo de Easterlin, questiona que uma maior renda proporcione maior bem-estar. Os levantamentos de opinião estariam aí para dar base de sustentação empírica a essa falta de aderência entre PIB e sensação de felicidade.

Em paralelo a essa reflexão, bem recente, outra mais antiga sustenta que o crescimento do consumo de bens e serviços é, no longo prazo, insustentável, seja pela poluição/redução da biodiversidade seja pelo esgotamento dos recursos naturais não renováveis. Se o consumo de bens e serviços estaria limitado pela disponibilidade de recursos, a própria existência do homem estaria em perigo pela intensidade da poluição, subproduto dos extraordinários níveis de consumo associados à maior renda. À margem de alguns teóricos dispersos, talvez o destaque corresponda a Nicholas Georgescu-Roegen (1906-94), foi o Relatório do Clube de Roma (1972), cujo título foi *Os Limites do Crescimento*, que chamou a atenção para a restrição que a disponibilidade de recursos naturais impunha ao aumento indefinido da renda. O relatório inquietou não unicamente pelas suas prospecções, um tanto catastróficas se não fossem alteradas as trajetórias, senão pela singularidade acadêmica de seus autores. O informe não foi elaborado por organizações ou militantes ecologistas, mas sim por conceituados acadêmicos (em sua maioria integrantes de centros de pesquisa dos EUA que fazem parte do *mainstream*), singularidade que outorgava certa autoridade intelectual e "confiabilidade".

A partir das projeções contidas no Relatório do Clube de Roma, a plausibilidade em continuar o estilo de desenvolvimento vigente e generalizar suas pautas de consumo para o conjunto das nações subdesenvolvidas começa a ser questionado. Assumir que os países de maior renda *per capita* (EUA, Europa Ocidental, Canadá, Austrália e Nova Zelândia) são a vanguarda, o futuro ao qual um dia chegariam os países em desenvolvimento seria uma quimera, uma vez que a pressão que esse hipotético cenário exerceria sobre os recursos naturais e os níveis de poluição que geraria tornaria econômica e ecologicamente inviável a reprodução do sistema, sua sustentabilidade no tempo. A única alternativa ao catastrofismo implícito nesse horizonte consistiria em mudar o nível e as pautas de consumo. Por sua vez, o ajuste do consumo nas nações mais desenvolvidas abriria espaço para que as economias em desenvolvimento pudessem aceder a um patamar de vida similar às "vanguardas". O resultado seria um mundo economicamente menos desigual e ambientalmente sustentável.

Manifestamente, esse diagnóstico não chega a questionar o benefício que o estilo de desenvolvimento teria para as populações. O problema seria sua sustentabilidade econômica (pelo aumento que a demanda de recursos naturais teria sobre seus preços) e ecológica. Mas, no caso de existir "soluções" técnicas poupadoras de recursos naturais e limpas em termos de poluição, o contínuo aumento na disponibilidade de bens e serviços para as populações teria como desfecho um maior bem-estar.

A economia da felicidade, mediante o Paradoxo de Easterlin, coloca em dúvida essa última correlação (maior renda → maior bem-estar). Contudo, temos assim uma confluência entre as recomendações de política propostas pelos pessimistas ambientais e os teóricos da economia da felicidade. Conservar como objetivo de política a elevação do PIB é tanto ecologicamente inviável como é uma fantasia em termos de bem-estar: danifica os entornos naturais e essa degradação não se traduz em maior sensação subjetiva de felicidade.

O corolário seria uma proposta na qual, em lugar de elevar o PIB, o objetivo de política nas nações mais desenvolvidas seria reduzir seu nível. Essa redução teria dois impactos.

Considerando os países de maior renda *per capita*, a redução poderia até elevar o nível de bem-estar. Menos horas trabalhadas abririam espaço para um maior tempo livre a ser desfrutado com amigos, com a família, com atividades associadas à arte e cultura. Menor PIB também poderia redundar em menores engarrafamentos, menor pressão sobre as paisagens naturais, um estilo de vida menos estressante. Ou seja, o decréscimo pode reduzir a disponibilidade de bens e serviços, mas elevaria a oferta de elementos que fazem a vida mais agradável.

De forma simultânea, a implementação de políticas nas nações mais desenvolvidas, que propiciam menor produção de bens e serviços transacionados no mercado, ao reduzir a pressão sobre os recursos naturais e diminuir a poluição, possibilitaria aos países mais pobres ampliar sua oferta. Neste caso, uma vez que parte da população dessas áreas vive na indigência e pobreza, a maior disponibilidade de bens afetaria positivamente o bem-estar.

Ou seja, quanto à desigualdade, as iniciativas de "decrescimento" nos países mais desenvolvidos geraria, concomitantemente, tanto aumento do bem-estar quanto menor desigualdade e possibilitaria sustentabilidade ambiental.

Essa proposta de "decrescimento" enfrenta dois tipos de questionamentos, um teórico e outro de cunho mais prático.

Na teoria, a viabilidade de uma proposta de decrescimento gira em torno do processo de adaptação e temos dois interrogantes (um teórico e outro de política pública) que introduzem dúvidas sobre a viabilidade de sua implementação.

Uma primeira questão está vinculada às resistências a quedas ou regressões. Ou seja, se um aumento na renda e na disponibilidade de bens e serviços acaba sendo incorporada como o "novo normal", e a sensação de bem-estar finaliza regredindo a seu patamar anterior (Paradoxo de Easterlin), uma redução vai gerar, em um primeiro momento, uma deterioração que posteriormente poderia culminar por ser "digerida". Se hoje os níveis de felicidade são similares aos declarados nos anos 1960, acabar com a parafernália de elementos de comunicação atualmente disponíveis (telefone celular, internet) com certeza vai resultar em uma degradação dos níveis de felicidade declarados. Esse "novo normal" (sem celulares e internet) finalizará por ser internalizado e os níveis de bem-estar retornarão à estabilidade de longo prazo? Duvidar desse retorno é pertinente. Talvez não seja apropriado um paralelo entre as pesquisas que sugerem uma recuperação da felicidade autodeclarada dos indivíduos que sofreram um acidente incapacitante e o decrescimento. Vamos nos deter nesse aspecto.

Como assinalamos no Capítulo 2, não existe uma medida objetiva de felicidade. O indicador que podemos obter está associado à sensação de felicidade, da felicidade autodeclarada. Nesse sentido, a avaliação subjetiva pode mudar de métrica no transcorrer do tempo em função do contexto e da experiência do indivíduo. Em outros termos, a escala de medição vai mudar. Por exemplo, para indivíduos que trabalham em ambientes refrigerados em regiões tropicais, retirar a refrigeração pode representar uma deterioração. O "novo normal" era seu novo marco referencial e retornar ao passado pode ser associado a um "retrocesso". Um assalariado poderia declarar, hoje em dia, o mesmo índice de bem-estar (trabalhando no ambiente refrigerado) que um outro indivíduo realizando suas tarefas sem refrigeração nos anos 1960. Mas os "normais" eram diferentes. A escala se alterou: hoje é mais exigente.

Mas não unicamente o "novo normal" se alterou para "mais". O bem-estar hoje está em função da antecipação do futuro. A adaptação hedônica tem um desdobramento: exigências quanto ao futuro. Os indivíduos já adaptados (o futuro pode ter-se concretizado) agora iniciam uma nova rodada, antecipando o futuro novamente. Se imaginamos o futuro inferior ao presente, o bem-estar cai.

Dessa forma, teríamos uma dinâmica que podemos sintetizar da seguinte forma: partindo de um "normal", os indivíduos ou famílias antecipam um futuro melhor. Se esse futuro melhor não se concretiza, a frustração deteriora a percepção de bem-estar atual, mesmo que o "normal" presente não se deteriore. Se esse "futuro melhor" se concretiza, os indivíduos terão uma melhora de seu bem-estar, seja porque não têm um hiato entre aspirações passadas com situação presente, seja porque a comparação com seu próprio passado induz uma maior autodeclaração de felicidade. Contudo o processo se reinicia pelo hedonismo adaptativo, uma vez que a nova situação se torna um "novo normal".

Nesse contexto, decrescer ou estagnar a renda *per capita* significa deteriorar as percepções de satisfação com a vida. Ou seja, o desafio é crescer sabendo que cairá em um "novo normal". Seria alguma coisa como perseguir a linha do horizonte, mas não teríamos alternativa.

A esse argumento, seguindo a linha de raciocínio dos que propagam o "decrescimento", poderia se contrapor outra especulação: a redução (ou mesmo a estagnação) na oferta de novos bens e serviços seria compensada por outro tipo de bens, não contabilizados no PIB. Maior disponibilidade de tempo livre e um meio ambiente de melhor qualidade são fatores que também determinam a qualidade de vida e que poderão ser assumidos como um futuro melhor ao qual podemos aspirar. Assim, partindo de dado "normal", vislumbrar um futuro mais satisfatório (as aspirações) não necessariamente teria de ser sinônimo de maior renda *per capita*.

Em que medida as populações assumem esses dois tipos de bens (consumo versus, por exemplo, tempo livre ou menos poluição) como substitutos? Esse é um debate em aberto e que só pesquisas de opinião poderão resolver. Pode mudar de país para país e se alterar no tempo. Mas, de qualquer forma, o ponto central da Economia da Felicidade está associado à necessidade de, hoje, vislumbrar um futuro melhor ou superior. Esse amanhã pode ser "melhor" seja pela maior disponibilidade de bens para o consumo, seja pela maior disponibilidade de outro tipo de bens (menos corrupção, maior biodiversidade, cidades com ar mais puro), mas, com certeza, tem de ser assumido como "superior" e, antecipadamente, saberíamos que esse superior constituirá um "novo normal". As exigências, no horizonte, serão sempre superiores. As autoavaliações serão cada vez mais severas. Em outros termos: os seres humanos, por processos neurológicos, estão condenados ao progresso ou à frustração, não existiria lugar para a estagnação, menos ainda para o "decréscimo".

Nesse contexto, as propostas de um "decrescimento" enfrentam, desde uma perspectiva teórica, sérios problemas, fato que deixa dúvidas sobre sua viabilidade de ancorar propostas de políticas.

Quanto à formulação de políticas que substituam o PIB como estatística meta da sociedade, "decrescer" ou mesmo estagnar a oferta de bens e serviços medidos pelo produto implica em deteriorar os indicadores de bem-estar pelo efeito adaptação. Compensar a ausência de crescimento do PIB requer a elevação da oferta de outro tipo de oferta, qualitativamente diferente. Observemos que parte das variáveis que estatisticamente provou alterar a felicidade (como sexo, divórcio, viuvez) está fora do alcance dos objetivos de qualquer governo. Em contrapartida, outro conjunto de parâmetros, também com impacto sobre a sensação de bem-estar, como a democracia, liberdade de expressão está, na maioria dos países desenvolvidos, bem ancorado institucionalmente, não é opção de política. Dessa forma, o leque de opções que compensem a estagnação ou queda da oferta de bens e serviços contabilizados no PIB se reduzem dramaticamente. Podemos imaginar alguns deles: ar mais puro nas grandes aglomerações urbanas, aumento da biodiversidade, menos engarrafamentos. Contudo parte desses objetivos tem *trade-offs* e, nesse sentido, os benefícios e custos podem ser apreciados de formas diferentes por distintos segmentos da população. Vamos dar um exemplo para ilustrar. Existe um certo consenso na literatura de que um ar mais limpo nas grandes cidades tem impacto positivo sobre a qualidade de vida, a saúde, a percepção de bem-estar. Simultaneamente, além de um ar mais limpo, outro objetivo com impacto na felicidade está relacionado com a rapidez e custos da mobilidade nas aglomerações urbanas. Em ambos os casos (ar limpo e mobilidade), a alternativa quase incontornável é a limitação do transporte individual, a ampliação dos espaços para pedestres, a extensão do transporte público. Só que essas medidas têm custos que são desigualmente distribuídos entre a população. Em paralelo, os gostos e valores são os mais diversos. Por último, pode existir uma tensão entre os custos e os gostos dentro do próprio indivíduo. Por exemplo, um indivíduo pode apreciar o ar limpo, mas a proibição de carros a diesel (particularmente poluentes pela emissão de partículas finas) pode representar tal custo para ele próprio que propicia resistências a essa medida. Esse conjunto de fatores explica que políticas de restrição à mobilidade via carro individual nas grandes cidades engendre fortes resistências e custos eleitorais para os políticos que as tentam implementar.[3]

Assim vemos que, mediante o exemplo de um caso concreto, a substituição de bens e serviços contabilizados no PIB por outros que têm impacto positivo sobre a percepção de felicidade, não obstante ser plausível teoricamente, enfrente as mais diversas dificuldades de implementação.

---

[3] Como exemplo, podemos citar as resistências políticas e mesmo legais que a atual prefeita de Paris (Anne Hidalgo) enfrenta e suas medidas para limitar a circulação de veículos particulares.

Um segundo fator que cria obstáculos para a efetivação de estratégias governamentais que favorecem o "decrescimento" diz respeito à correlação positiva entre PIB e emprego. Suscitar uma queda ou estagnação nos bens e serviços oferecidos significa uma queda ou estagnação no nível de emprego. Se consideramos que, no médio e longo prazo, a produtividade tende a aumentar, o impacto de uma redução no produto afetará ainda mais as vagas disponíveis. Supor que essa diminuição da quantidade de trabalho necessário (redução produto da soma do aumento da produtividade e da queda do PIB) poderá se tornar um aspecto positivo, uma vez que abre espaço para um maior tempo livre, é uma hipótese de labiríntica concretização. A intrincada implementação se alimenta de diversos aspectos. Por exemplo, nada garante que o menor tempo de trabalho não se traduza em um maior desemprego e, especialmente, não alimente um estoque de desempregados que estejam estruturalmente nessa situação. As experiências históricas (por exemplo, a medida que estabeleceu o governo de Leonel Jospin na França visando reduzir a jornada semanal de trabalho a 35 horas a partir de 2000/2002), objetivando reduzir a jornada de trabalho para distribuir mais igualitariamente o emprego necessário para realizar um determinado PIB e para combater o desemprego, tiveram as mais diversas avaliações, que vão desde um impacto negativo (Gianella, 2006), neutro (Chemin; Wasmer, 2009) ou positivo (Gubian; Jugnot; Lerais; Passeron, 2004). Ou seja, nem na teoria nem nas avaliações empíricas existe consenso sobre os desdobramentos no mercado de trabalho de uma ampliação do tempo livre via queda nas horas trabalhadas.[4] Assim fica em aberto uma questão crucial: qual será o impacto de um "decrescimento" ou estagnação do PIB sobre uma variável-chave na explicação do nível de felicidade, o emprego/desemprego?

Um terceiro olhar a ser considerado diz respeito às ferramentas que deveriam ser utilizadas para gerar como resultado uma estagnação ou "decrescimento" do PIB. Observemos que, naturalmente, as economias de mercado tendem a crescer. O investimento, os avanços tecnológicos, a melhor educação da mão de obra, entre outros, são todos fatores que tendem a gerar aumentos na oferta de bens e serviços. Quais seriam as ferramentas capazes de coibir essa dinâmica? A fim de represar a elevação da oferta, os governos (ou os Bancos Centrais) precisariam elevar a taxa

---

[4] Sobre o ponto, ver o Capítulo 3 e 4 para mais detalhes.

de juros? Os governos teriam de continuamente calibrar as horas trabalhadas de tal forma a induzir o PIB a flutuar sobre uma meta que seria a estagnação ou o decréscimo? Em ambos os casos os interrogantes são imensos. Por exemplo, no caso das taxas de juros, sua utilização, tendo como propósito o controle da inflação ou o combate a recessões, foi amplamente teorizada e se beneficia de vasta experiência. Contudo apelar às taxas de juros como uma ferramenta capaz de ser utilizada para estagnar o aumento do PIB de tal forma que, não obstante os ganhos de produtividade, o mesmo gire sobre o pleno emprego requer reflexões teóricas e testes empíricos que dificilmente estejam disponíveis em um horizonte de tempo razoável. No caso de as horas trabalhadas serem a ferramenta, já expusemos os desafios no parágrafo anterior e nos Capítulos 3 e 4.

Ou seja, nem em termos teóricos nem em termos de experiência e avaliação de políticas existem contribuições capazes de outorgar densidade às propostas que identificam, na estagnação ou decrescimento do PIB e na elevação da oferta de outro tipo de bens, uma forma de elevar a sensação de felicidade dos indivíduos contornando os desafios que o Paradoxo de Easterlin colocou. Se o processo de adaptação tem como corolário a necessidade de imaginar um futuro superior ao presente, ficam em aberto os mecanismos mediante os quais serão definidos esses objetivos (Maior tempo livre? Maior oferta de ambiente não poluído?), a administração dos conflitos (ganhadores e perdedores) e os instrumentos factíveis de concretizar os mesmos.

💰 O Objetivo de um Governo pode ser a Procura da Felicidade?

À margem das ambiguidades e dificuldades assinaladas nas seções anteriores, existem experiências ou tentativas de colocar a felicidade como objetivo de governo? Essa meta foi explicitamente colocada em algum instrumento legal?

Não obstante o pessimismo contido na frase do político, diplomata e intelectual liberal argentino Juan Bautista Alberdi (1810-84), a resposta à pergunta que colocamos no parágrafo anterior é afirmativa e toda vez que esse tema é levantado o exemplo citado é o Reino de Butão, pequeno país asiático (pouco mais de 800 mil habitantes) encravado na cadeia do Himalaia. Essencialmente agrícola, essa nação está longe de poder ser considerada como desenvolvida (a renda *per capita* em 2017 era estimada em pouco menos de 9 mil dólares) mas, mesmo assim, em 1972, o rei Jigme Singye Wangchuck decretou a substituição do PIB como indicador de progresso pelo parâmetro de Felicidade Interna Bruta.[5] Naquela época, o Butão era uma monarquia absolutista (hoje é uma monarquia constitucional) e a justificativa para a alteração foi a de sempre: o PIB é uma estatística restrita e dimensões como a preservação da cultura local, o meio ambiente e a boa governança deveriam ser consideradas em um indicador que sintetizara o progresso de uma nação.[6] Várias circunstâncias chamam a atenção no caso de Butão. Em primeiro lugar, não estamos diante de um país desenvolvido no qual a demanda por bens básicos (alimentação, saúde, educação) esteja satisfeita e outras demandas afloram (tempo livre, meio ambiente). Ou seja, a questão foi colocada por um país que naquele ano (1972) podia ser considerado como pobre. Um segundo elemento diz respeito à forma de governo. Mencionamos, no capítulo anterior, que a liberdade, a democracia, entre outras, são propriedades do sistema institucional que tem impacto sobre o nível de felicidade. Antes de 2008, quando uma nova Constituição inaugurou uma abertura democrática, o país tinha sido acusado de sistemáticas violações aos direitos humanos e mesmo de praticar limpeza étnica. Ou seja, a definição da felicidade como objetivo de uma nação não parece restrito às preocupações dos indivíduos ricos vivendo nas democracias liberais do Ocidente. Como veremos nos próximos parágrafos, inclusive governos que distam de poderem ser considerados como democráticos, ao menos na retórica, também incluíram o objetivo da procura da felicidade para seus habitantes nos objetivos de um país. De todas as formas, no caso específico de Butão, a transição democrática não alterou essa meta de Estado e o Indicador de Felicidade Bruta foi conservado como objetivo de governo e mesmo incluído na Constituição.

Essa iniciativa governamental de um país pequeno e pobre chamou a atenção internacional e teve repercussões e apoios de diversas instituições multilaterais. Nesse sentido, Butão pode ser considerado pioneiro na tentativa de propor e, talvez o mais importante, pretender estabele-

---

[5] Fonte para renda *per capita* — Banco Mundial.

[6] Chama a atenção a consideração da dimensão de "boa governança" uma vez que, em 1972, o Butão era, como afirmamos, uma monarquia absolutista.

cer um índice alternativo ao PIB como objetivo do governo. Manifestação do ar dos tempos, o arrojo de Butão em 1972 foi a vanguarda de muitos empreendimentos posteriores nas instituições internacionais e nos países mais ricos do planeta (IDH, *European Quality of Life Survey*, o *Canadian Index of Well-Being*, o índice *National Well-Being* (Inglaterra), o *Better Life Index* (OCDE). Contudo, em todos os casos, o desafio permanece em aberto: a questão não consiste em mesurar um dado indicador, senão em transformar esse parâmetro em objetivo governamental de tal forma que seja balizador das ações de governo, mesmo no curto prazo. Nesse sentido, as intenções não se concretizaram pelos problemas que mencionamos nas seções anteriores, e o PIB, a inflação e o desemprego continuam sendo as estatísticas utilizadas para avaliar os governos e que norteiam as políticas.

Se Butão, em 1972, pode ser identificado como o primeiro país que explicitamente tentou substituir o PIB como indicador meta de um governo e assumir explicitamente alternativa para quantificar o grau de felicidade, a contemplação desta última em marcos institucionais/legais dos países é extensa e generalizada.

No que é considerado o mais imediato antecedente da Constituição dos EUA, na *Virginia Declaration of Rights*, de 1776, claramente se considera que "*all men are by nature equally free and independent, and have certain inherent rights of which... and pursuing and obtaining happiness...*".[7] Já na declaração de independência dos EUA está contida a famosa frase: "*...that all men are created equal, and are endowed by the Creator with certain unalienable rights, that among these are Life, Liberty and the pursuit of Happiness*"[8] Na Revolução Francesa, referências à felicidade também estão contidas na Declaração Universal dos Direitos do Homem e do Cidadão, de 26 de agosto de 1789. A partir desses antecedentes, diversas constituições no mundo (e especialmente na América Latina) contemplam como objetivo a felicidade de seus cidadãos: Colômbia, Venezuela, Chile, Peru, Uruguai, Honduras. A Constituição do Japão de 1946, influenciada pela ocupação dos EUA, considera (Art. 13) a procura da

---

[7] A Declaração de Diretos da Virgínia considera que "todos os homens são por natureza igualmente livres e independentes e têm certos direitos inerentes, dentre os quais... perseguir e obter a felicidade..." em tradução livre.

[8] "...todos os homens foram criados igualmente e foram dotados pelo Criador de certos direitos inalienáveis: a vida, a liberdade e a procura da felicidade", em tradução livre.

felicidade como um direito das pessoas. Nessa lista também poderíamos incluir diversos países na Ásia (como Coreia do Sul) e na África (Namíbia, por exemplo).

Assim como chama a atenção uma abordagem holística do bem-estar no regime de Butão em 1972, quando esse país era uma monarquia absolutista e pairavam muitas dúvidas sobre o respeito aos direitos humanos e a certas liberdades básicas, diversos países bem longe da institucionalidade das democracias liberais do Ocidente também contemplaram a felicidade em suas constituições, como a Constituição da República Islâmica de 1979, no Irã e a Constituição da autodenominada "Camboja Democrática" de 1976.[9]

Ou seja, em termos retóricos e institucionais/legais, a procura da felicidade tem uma ampla tradição e constitui um objetivo que, nutrido pelos ideais das revoluções iluministas dos EUA e França, foi mencionado nos mais diversos marcos institucionais e legais, desde os sistemas liberais democráticos até as ditaduras mais sanguinárias.

Para além da retórica corporificada nas constituições e trafegando para dimensões mais concretas, como a criação de estatísticas oficiais, o leque de iniciativas é bem menor. Fora a iniciativa pioneira de Butão, talvez a mais popular foi a formação, na França, da Comissão para a Medição do Desempenho Econômico e o Progresso Social, em 2008, pelo presidente Sarkozy. A sua popularidade talvez tenha sido consequência de dois fatores. O primeiro diz respeito à orientação política do próprio Sarkozy, um político que ele próprio se situa no campo ideológico "conservador". Como no caso de Butão (uma Monarquia absolutista na época), o arrojo não surge do campo reformista senão conservador. O segundo fator que alimentou a popularidade do empreendimento de Sarkozy foi a composição da Comissão, que tinha dois membros do Prêmio Nobel de Economia (Amartya Sem e Joseph Stiglitz). A comissão criada pelo presidente francês propôs complementar o PIB com outras estatísticas, mas, na prática, a iniciativa não desaguou na adoção de outro indicador para substituir o tradicional. Outro político conservador, o primeiro-ministro David Cameron, em 2010, estabeleceu que o Instituto Nacional de Estatística da Inglaterra come-

---

[9] Lembremos que a "Camboja Democrática" foi a autodenominação do regime que imperou nesse país entre 1975 e 1979 e foi o responsável por um dos maiores genocídios do século XX.

çaria a calcular o bem-estar subjetivo. O objetivo de Cameron não foi radical, no sentido de substituir o PIB por uma outra estatística, senão de complementar a estatística do Produto com outra estatística, uma vez que considerava que este era uma forma incompleta de mensurar o progresso social. O Instituto Nacional de Estatística da Itália (*Istituto Nazionale di Statistica* — ISTAT) iniciou, em 2013, o cálculo do BES (*Benesser, Equo e Sostenible* — Bem-estar, Equidade e Sustentabilidade) que aspira, mediante o cômputo de 12 parâmetros, disponibilizar um parâmetro mais abrangente que o tradicional PIB, a fim de sintetizar o bem-estar dos italianos. Iniciativas semelhantes foram observadas no Japão com pesquisas específicas sobre a qualidade de vida. Em 2009 a União Europeia publica *"GDP and Beyond Mesuring Progress in a Changing World"* (Além do PIB, avaliando o progresso em um mundo cambiante), sugerindo complementar o PIB com séries que manifestem o bem-estar e as inquietudes e necessidades dos cidadãos. Em 2011 a própria Assembleia Geral das Nações Unidas aprovou (unanimemente), mediante a Resolução 65/309, um documento intitulado "Felicidade: uma abordagem holística para o desenvolvimento", no qual propugna a adoção, pelos países-membros, de indicadores que procurem ir além do PIB como parâmetro exclusivo de progresso e bem-estar. A própria ONU divulgou, em 2012, o primeiro Relatório Mundial de Felicidade, sendo a sua fonte as pesquisas da *Gallup World Poll*.[10] Em junho de 2013 o governo do Equador criou a Secretaria (com status de Ministério) do Bom Viver que teria como objetivo a procura de articulação de políticas cujo propósito seria elevar a felicidade dos cidadãos.

Nos parágrafos anteriores, a enumeração das iniciativas de construção de indicadores e o inventário de marcos institucionais e legais não pretendem ser exaustivos nem esgotar o tema. Contudo nos permitem transmitir uma noção da amplitude do movimento em favor de ampliar os objetivos das sociedades que, em tese, não deveriam estar restritos ao PIB. Se podemos encontrar as primeiras menções à felicidade em marcos jurídicos na Declaração dos Direitos da Virgínia, prelúdio da Constituição dos EUA e na Declaração Universal dos Direitos do Homem, da Revolução Francesa, uma confluência de diversos fatores faz com que, a partir dos anos 1960, a procura da felicidade entre no radar das instituições e governos. O primeiro Relatório do Clube de Roma,

---

as dúvidas que são colocadas pelas pesquisas empíricas (notoriamente o Paradoxo de Easterlin), as crises ecológicas são elementos que confluem para tentar tornar operacional reflexões teóricas que sugeriam que o objetivo das sociedades e o progresso social não podiam estar restritos à estatística do PIB. Porém, não obstante esse movimento geral e as iniciativas para completar a tradicional contabilidade das Contas Nacionais e construir um indicador síntese mais abrangente, o PIB continua seu reinado, talvez pelas limitações de seus concorrentes, insuficiências que assinalamos nas seções anteriores deste capítulo.

Comentários Finais

Procuramos desenvolver ao longo deste livro os principais fundamentos, argumentos e desdobramentos, com relação à política pública, da denominada Economia da Felicidade. Podemos imaginar as mais diversas perspectivas para tentar um balanço do estado atual da pesquisa nessa área. Longe de pretender esgotar o tema, nos próximos parágrafos vamos sintetizar os aspectos que consideramos mais importantes, podendo ser assumidos tanto como um resumo quanto serem uma avaliação dos desafios que enfrenta essa área da teoria econômica.

A leitura do Capítulo 1 permite concluir que a denominada Economia da Felicidade tem uma matriz conceitual cujas raízes se confundem com o surgimento da economia como disciplina autônoma. O termo pode ter mudado no tempo, ao sabor das alterações de linguagem, mas as palavras utilidade, bem-estar e felicidade permeiam as contribuições de quase todos os grandes teóricos, desde Adam Smith até Daniel Kahneman. Ou seja, a preocupação com a sensação psicológica de conforto com a vida não é um modismo conjuntural, ainda que circunstâncias históricas particulares tornem esse aspecto mais relevante. Não podemos imaginar que os economistas, na década de 1930, com as sequelas sobre o emprego que a grande recessão estava produzindo, direcionassem seus esforços teóricos e de pesquisas no sentido de avaliar as formas de medição de autodeclarações de bem estar. O desafio preeminente era outro. Hoje, a maioria das nações da Europa Ocidental, os EUA, o Canadá, a Austrália gozam de pleno emprego, dispõem de um generoso estado de bem-estar, desfrutam de rendas *per capita* anuais que superam os US$ 30 mil, as expectativas de vida ultrapassam os setenta anos. O padrão de vida, em termos materiais, nunca foi tão elevado na história da humanidade. A divergência entre essas regiões e de várias nações em vias de desenvolvimento está se estreitando. Contudo essa prosperidade material parece não estar se cristalizando na percepção de bem-estar dos supostos beneficiários. Assim o contexto histórico é propício para revisitar um tema que sempre esteve presente na teoria econômica. Produto dessas circunstâncias particulares, as reflexões analíticas e avaliações empíricas sobre o tema do bem-estar autodeclarado proliferaram. Tanto Keynes quanto Kahneman são produtos do tempo histórico no qual viveram. Nesse sentido, a multiplicação de estudos e pesquisas sobre a felicidade não pode ser tipificada como um modismo ou, em todo caso, seria um "modismo" similar ao visto na década de 1930, quando a maior adversidade era o desemprego de massas ou ao observado nos anos 1970, quando a inflação constituía o problema a ser superado na maior parte das economias. Cada contexto histórico impõe seus desafios e diante dos custos cada vez mais explícitos do desenvolvimento (poluição, perdas de patrimônios culturais, esgotamento dos recursos naturais, crescentes aumentos nos problemas de saúde mental) e a percepção de um hiato entre os avanços materiais e a satisfação com a vida dos cidadãos, não surpreende a vasta literatura acadêmica sobre o tema.

Quanto às raízes teóricas, a Economia da Felicidade não pode deixar de ser caracterizada como um "filhote" do utilitarismo histórico. O âmbito da felicidade individual é colocado no centro das reflexões, com o individualismo metodológico e a aceitação de cada indivíduo procurar seu máximo bem-estar. Nesse sentido, ela não rompe com o modelo econômico canônico, não pretende ser uma alternativa heterodoxa ou concorrente ao paradigma hegemônico.

Não obstante estar bem ancorada no mundo acadêmico classificado como *mainstream*, como vimos no Capítulo 2, a racionalidade do *Homo economicus* do modelo standard é relativizada. Os indivíduos não seriam seres isolados maximizando sua utilidade em um contexto de preços e renda dados exogenamente. A acareação com seu próprio passado, a confrontação de seu presente com as ilusões tidas no pretérito, o cotejo de sua situação com os grupos sociais com os quais interage (família, amigos, colegas de trabalho) seriam singularidades inerentes aos processos mentais do ser humano. Esse tipo de racionalidade não é uma hipótese de trabalho ou um axioma que não precisa ser provado senão o resultado de pesquisas empíricas nas quais esse comportamento parece mais ajustado à realidade que o ser isolado imaginado pelo paradigma standard. Assumir um Robinson Crusoé eremita em uma ilha afastada como "agente representativo" para, sob essa hipótese, construir todo um paradigma analítico cuja vocação é compreender o funcionamento das economias de mercado, não parece ser o ponto de referência mais adequado. As situações relativas (comparações) primam sobre as absolutas. Os seres próximos, o histórico individual, as ilusões construídas, a esperança ou desesperança que a situação dos outros pode induzir no indivíduo são singularidades que fazem de um "agente representativo" um ser social.

Partindo desse tipo de racionalidade, os desdobramentos são os mais diversos. Por exemplo, todas as propostas que almejam estagnar o crescimento ou mesmo pender para o decrescimento como forma de reduzir a pressão sobre os recursos naturais, moderar os níveis de poluição e elevar a qualidade de vida merecem ser assumidas com extrema cautela. Um futuro similar ao presente prefigura uma deterioração do bem-estar hoje. Supor que uma redistribuição de renda que torne uma sociedade mais igualitária gozará de amplo respaldo popular é outra presunção de duvidosa validade. A racionalidade do "agente representativo" na nova economia comportamental, neuroeconomia, entre outras, ancorada em pesquisas de laboratório, indicam que a procura por maior consumo e maior renda não se nutre dos benefícios que esse consumo ou renda proporcionarão, senão na diferenciação, no distanciamento com respeito aos outros. Ao serem todos os indivíduos sociais, meu distanciamento me afetará, mas minha conduta também atingirá aos outros. O saldo é uma incógnita, não pode ser previsto a priori.

Mas como epílogo, uma pergunta é pertinente: todos esses esforços de pesquisa teórica e empírica, resultaram em algum arcabouço que subsidia políticas públicas? Estamos hoje mais bem-dotados em termos conceituais que há trinta anos, para sugerir formas de intervenção para elevar o bem-estar autodeclarado de uma sociedade? Se a utilidade foi empregada historicamente pela economia como termo para designar a felicidade, podemos colocar a pergunta: Qual é a utilidade da Economia da Felicidade?

A resposta é mitigada, com certos resultados razoavelmente robustos, aspectos bem circunscritos e assinaturas pendentes desde óticas mais globais.

Os resultados robustos dizem respeito a várias áreas. Por exemplo, o desemprego e a qualidade do emprego são fatores que têm um impacto direto e significativo sobre o nível de bem-estar dos indivíduos. Esse impacto é tanto dado pela perda ou ganho de renda como por elementos tais como as relações sociais que se estabelecem no lugar de trabalho, a realização individual nas tarefas realizadas. Ou seja, uma variável econômica (o desemprego e a qualidade do emprego) afeta a sensação de felicidade também por meandros não econômicos (as relações sociais que se constituem no estabelecimento, por exemplo). A inflação tem um impacto negativo, esse nexo é bem sedimentado e não gera maiores polêmicas.

À margem de variáveis econômicas, outros resultados sólidos podem ser identificados em áreas tais como família, divórcio, filhos, liberdade política, corrupção. Em muitos casos, são espaços da esfera privada e só muito indiretamente podem ser objeto explícito de políticas públicas. Em outros, a formatação legal/institucional é de crucial importância. Desde uma perspectiva mais geral, as evidências encontradas nas pesquisas permitem chegar a uma conclusão bem sólida: a sensação de bem-estar de um indivíduo não está restrita a dimensões econômicas. Liberdade política, corrupção, família, relações sociais têm impacto direto sobre a qualidade de vida dos habitantes de um país. Esses eram resultados que iam ao encontro do intuitivamente esperado. Contudo, em outros casos, a suspeita não recebeu a confirmação dos dados. Por exemplo, no caso dos filhos.

Mas a presunção de que algum indicador de felicidade (como o Índice de Felicidade Bruta do Butão) possa substituir o PIB como estatística síntese sobre a situação e progresso de uma sociedade não se concretizou e não parece que vai se materializar em um horizonte de tempo razoável. A dimensão econômica parece ainda hegemônica e no dia a dia, nos debates públicos, nas contendas eleitorais, variáveis econômicas como crescimento da renda, ocupação/desocupação, inflação quase monopolizam as preocupações. A maioria das tentativas de substituir o PIB como indicador síntese acabam por renunciar a esse objetivo e se limitam a recomendações sobre a necessidade de complementar essa estatística com outras, mas fracassam em reduzir sua hegemonia. Expusemos as razões desse malogro (ver Capítulo 5). Todavia, se essa suposta vocação para substituir o PIB como parâmetro de avaliação pode ser identificada como um insucesso, a literatura sobre Economia da Felicidade não pode ser qualificada como um mero exercício acadêmico ou de reflexão. A crítica à racionalidade do *Homo economicus* conduz à sugestão de diversos subsídios em termos de políticas públicas em áreas que afetam diretamente a felicidade (como saúde pública, aposentadoria). Em contrapartida, as contribuições conduzem a avaliar criticamente a viabilidade prática de estratégias alternativas (como o decréscimo).

Richard Layard, professor emérito da London School of Economics, sugere, no título de seu famoso livro *Happiness: Lessons from a New Science* (2006), que estamos diante um novo campo da ciência, que articula fragmentos de disciplinas como economia, psicologia, sociologia, neurociência. Essa prospecção está em aberto, mas certamente as contribuições que até hoje deram os pesquisadores que trabalham na área são imensas, tanto no campo da reflexão teórica como no desenho de políticas.

Bibliografia

Akerlof, G. A., Yellen, J.L. and Katz, M.L., "An Analysis of Out-of-Wedlock Childbearing in the United States" *The Quartely Journal of Economics*. v. 111. 277-317. 1996.

Alesina, A., Di Tella, R. and MacCulloch, R., "Inequality and happiness: are Europeans and Americans different?" *Journal of Public Economics*. v. 88. p. 2009–2042. 2004.

Alesina, A., Glaeser, E. and Sacerdote, B., "Work and Leisure in the United States and Europe: Why So Different?" NBER (National Bureau of Economic Research) Macroeconomics Annual. v. 20. p. 1-4. 2005. (Disponível em: http://www.nber.org/chapters/c0073.pdf; consultado em dezembro de 2017)

Ariely, D., Bracha, A. and Meier, S., "Doing Good or Doing Well? Image Motivation and Monetary Incentives in Behaving Prosocially" *American Economic Review*. v. 99. p. 544-55. 2009.

Auerbach, A. and Feldstein, M., *Handbook of Public Economics*. Amsterdam: North-Holland. 2002.

Ball, L., M., "Long-Term Damage from the Great Recession in OECD Countries" *NBER Working Paper No. 20185*. May, 2014. (Disponível em: *http://www.nber.org/papers/w20185.pdf*; Consultado em agosto de 2017).

Bambra, C. and Eikemo, T.A., "Welfare state regimes, unemployment and health: a comparative study of the relationship between unemployment and self-reported health In 23 European countries" *Journal of Epidemiology & Community Health*. v. 63. p. 92-98. 2009.

Barro, R. and Gordon, D., "A Positive Theory of Monetary Policy in a Natural Rate Model". *Journal of Political Economy*. v. 91. p. 589-610. 1983.a.

_____, "Rules , Discretion and Reputation in a Model of Monetary Policy" *Journal of Monetary Economics*. v. 12. p. 101-21. 1983.b

Bartels, M., "Genetics of Wellbeing and Its Components Satisfaction with Life, Happiness, and Quality of Life: A Review and Meta-analysis of Heritability Studies". *Behavior Genetics*. v. 45. p. 17-156. 2015.

Becker, G.S., "A theory of marriage. Part I." *Journal of Political Economy*. v. 81. p. 813–846. 1973.

_____, *Crime and Punishment: An Economic Approach*. National Bureau of Economic Research (NBER). 1974.a. (Disponível em: http://www.nber.org/chapters/c3625.pdf; consultado em janeiro de 2018).

_____, "A Theory of Social Interactions" *Journal of Political Economy*. v. 82. p. 1063-93. 1974.b.

_____, "A theory of marriage. Part II" *Journal of Political Economy*. v. 82. S-11-S26. 1974.

_____, *A Treatise on the Family*. Cambridge-MA: Harvard University Press. 1981.

_____, *Accounting for Tastes*. Cambrigde/MA: Harvard University Press. 1998.

Bentham, J., (1776), *The Works of Jeremy Bentham, Now First Collected: Under the Superintendence of his Executor John Bowring*. Edinburgh: William Tait. 1838-43.

Benz, M. and Frey, B.S., "Being Independent is a Great Thing: Subjective Evaluations of Self-Employment and Hierarchy" *Economica*. v. 75. p. 362-83. 2008.

Bertrand, M. and Mullainathan, S., "Do People Mean What They Say? Implications for Subjective Survey Data." *The American Economic Review*. v. 91. p. 67-72. 2001.

Bjørnskov, C. Dreher, A. and Fischer, J.A.V., "On Gender Inequality and Life Satisfaction: Does Discrimination Matter?" *Economics Discussion Paper No. 07*. University of St. Gallen. 2007. (Disponível em: https://papers.ssrn.com/sol3/papers.cfm?abstract_id=980629; consultado em janeiro de 2018)

Blanchflower, D., Oswald, A. and Stutzer, A., "Latent entrepreneurship across nations" *European Economic Review*. v.45. p.680-91. 2001.

Blanchflower, D.G. and Oswald, A. J., "Well-being over time in Britain and the USA" *Journal of Public Economics*. v.88. p. 1359-86. 2004.

_____, "Money, Sex and Happiness: An Empirical Study" *The Scandinavian Journal of Economics*. v. 106. p. 393-415. 2004.b.

_____, "Happiness and the Human Development Index: The Paradox of Australia" *The Australian Economic Review*. v. 38. p. 307–18. 2005.

_____, "Is Well-being U-Shaped over the Life Cycle?" *Social Science & Medicine*. v. 66. p. 1733-49. 2008.

Bok, D., *The Politics of Happiness: What Government Can Learn from the New Research on Well-Being*. New Jersey: Princeton University Press. (Reprint edition). 2011.

Brickman, P., Coates, D. and Janoff-Bulman, R., "Lottery winners and accident victims: is happiness relative ?" *Journal of Personality and Social Psychology*. v. 6. p. 917-27. 1978.

Bruni, L. and Sugden, R., The Road Not Taken: How Psychology Was Removed from Economics, and How it Might Be Brought Back. *Economic Journal*. v. 117, p. 146-173. 2007.

Caporali Cordeiro, R., *Da Riqueza das Nações à Ciência das Riquezas*. São Paulo: Edições Loyola. 1995.

Chadeau, A. e Fouquet, A., Peut-on mesurer le travail domestique. *Economie et Statistique. N. 136.* Setembre. 1981. p. 29-42.

Chemin, M. and Wasmer, E., "Using Alsace-Moselle Local Laws to Build a Difference-in-Differences Estimation Strategy of the Employment Effects of the 35-Hour Workweek Regulation in France" *Journal of Labor Economics.* v. 27. p. 487-524. 2009.

Chipman, J.S., Hurwicz,L., Richter, M.K., and H. F. Sonnenschein, H.F., (Eds.) *Preferences, utility, and demand.* New York: Harcourt Brace Jovanovich. 1971.

Clark, A.E., "Job satisfaction and gender: Why are women so happy at work?" *Labour Economics.* v. 9. p. 341-72. 1997

_____, "What really matters in a job? Hedonic measurement using quit data" *Labour Economics.* v. 8. p. 223-42. 2001.

_____, "Unemployment as a Social Norm: Psychological Evidence from Panel Data" *Journal of Labor Economics.* v. 21. p. 323-51. 2003.

Clark, A.E, Diener, E., Georgellis, Y. and Lucas, R.E. "Lags and Leads in Life Satisfaction: A Test of the Baseline Hypothesis" *The Economic Journal.* v. 118. p. 222-43. 2008.

Clark, A.E., Georgellis, Y. and Sanfey, P., "Scarring: The Psychological Impact of Past Unemployment" *Economica.* v. 68. p. 221-41. 2001.

Clark, A., Knabe, A. and Rätzel, S., "Boon or bane? Others' unemployment, well-being and job insecurity" *Labor Economics.* v. 17. p. 52-61. 2010.

_____, "Is Happiness Different From Flourishing? Cross-Country Evidence from the ESS." *Revue d'Économie Politique.* v. 121. p. 17-34. 2011.

Clark, A.E. and Oswald, A.J., "Satisfaction and comparison income" *Journal of Public Economics.* v. 1. p. 359-81. 1996.

Clark, A.E. and Senik, C., "Who Compares to Whom? The Anatomy of Income Comparisons in Europe" *Economic Journal.* v. 120. p. 573-594. 2010.

Clark, A.E., Westergård-Nielsen, N. and Kristensen, N., "Economic Satisfaction and Income Rank in Small Neighborhoods" *Journal of the European Economic Association.* v. 7. p. 51-527. 2009.

Cohn, R.M. "The Effect of Employment Status Change on Self-Attitudes" *Social Psychology.* v. 41. p. 81-93. 1978.

Crabtree, S. and Pelham, B, *Religion Provides Emotional Boost to World's Poor.* Gallup. March 2009. (Disponível em: https://goo.gl/BKB3BZ; consultado em janeiro de 2018).

David, R. and Rweder, R., (Eds), *Nations and Households in Economic Growth: Essays in Honour of Moses Abramovitz.* New York: Academic Press. 1974.

Deaton, A., "Income, Health, and Well-Being around the World: Evidence from the Gallup World Poll." *Journal of Economic Perspectives.* v. 22. p. 53-72. 2008.

_____, "The financial crisis and the well-being of Americans". *Oxford Economic Papers*. v. 64. p. 1-2, 2012.

De Neve, J-E, Christakis, N.A., Fowlwe, J.H. and Frey, B.S., "Genes, Economics, and Happiness". *Journal of Neuroscience, Psychology, and Economics*. v.5. p. 193-211. 2012.

De Witte, H. "Job Insecurity: review of the international literature on definitions, prevalence, antecedents and consequences" *Journal of Industrial Psychology*. v. 31. p. 1-6. 2005.

Diener, E. and Suh, E.M. (Eds.) *Culture and subjective well-being*. Cambridge, MA: The MIT Press. 2000.

Diener, E. "The Macroeconomic of Happiness" *Review of Economics and Statistics*. v. 85. p. 809-27. 2003.

_____, "Myths in the science of happiness, and directions for future research." *in* Eid and Larsen (2008).

_____, (Eds.) *Assessing Well-Being. The Collected Works of Ed Diener*. Netherlands: Springer Verlag. 2009.

Diener, E., Kahneman, D., Arora, R., Harter, J. and Tov, W., "Income's differential influence on judgments of lifer versus affective sell being" *in* Diener (2009).

Diener, E, Kahneman, D., Tov, WS. and Arora, R., "Income's Association with Judgments of Life Versus Feelings." *in* Diener, Helliwell and Kahneman (2010).

Diener, E., Helliwell, J.F., and Kahneman, D., (Eds.) *International Differences in Well-being*. New York: Oxford University Press. 2010.

Di Tella, R., MacCulloch, R.J. and Oswald, A.J., "Preferences over Inflation and Unemployment: Evidence from Surveys of Happiness" *The American Economic Review*. v. 91. p. 335-41. 2001.

_____, "The Macroeconomic of Happiness" *The Review of Economics and Statistics*. V. 85. p.809-27. 2003.

Donahue, J.D. and Nye Jr.J,S. (Eds.) *For the People: Can We Fix Public Service?* Wasghinton-DC: Brooking Institution Press. 2003.

Dorn, D., Fischer, J.A.V., Kirchgässner, R, G. and Souza-Poza, A. "Is it Culture or Democracy ? The Impacto of Democracy and Culture on Happiness" *Social Indicators Research*. v. 82. p.505-26. 2007.

Easterlin, R.A., Does Money Buy Happiness? *The Public Interest*. N. 30. p. 3-10., 1973.

_____, Does Economic Growth Improve the Human Lot ? Some empirical evidence, *in* David and Reder (1974).

_____, "*Will raising the incomes of all increase the happiness of all ?" Journal of Economic Behavior & Organization*. v. 27. p. 5-47. 1995.

Eid M. and Larsen, R.J., (Eds.) *The Science of Subjective Well-being*. New York: Guilford Press. 2008.

Edgeworth, F.Y., *Mathematical psychics: an essay on the application of mathematics to the moral sciences*. University of California Libraries. 1881.

Ferreira, S. and Moro, M."On the Use of Subjective Well-Being Data for Environmental Valuation" *Enviromental and Resource Economics*. v. 46. p. 249-73. 2010.

Fleurby, M., "Beyond the GDP: the quest of a measure of social welfare." *Journal of Economic Literature*. v. XLVII. p. 1029-1075. 2009.

Frey, B.S. and Stutzer, A., "Happiness, Economy and Institutions" *The Economic Journal*. v. 110. p. 918-38. 2000.

Frey, B.S., Luechinger, S. and Stutzer, A., "The Life Satisfaction Approach to Environmental Valuation" *Discussion Paper No 4478. IZA*. October 2009. (Disponível em: http://ftp.iza.org/dp4478.pdf; consultado em Janeiro de 2018).

Friedman, M., "The Role of Monetary Policy" *American Economic Review*. v. 58. p. 1-17. 1968.

Frijters, P. and Van Praag, B.M.S., "The Effects of Climate on Welfare and Well-Being in Russia. *Climatic Change*. v. 39. p. 61-81. 1998.

Garcia-Gomez, P., Jones, A.M. and Rice, N., "Health effects on labour market exits and entries." *Labour Economics*. v. 17. p. 62-76. 2010.

Gardner, J. and Oswald, A., "Do divorcing couples become happier by breaking up? " *Statistics in Society*. v. 69. p. 319-36. 2006.

_____, "Money and Mental Wellbeing: A Longitudinal Study of Medium-Sized Lottery Wins" *Journal of Health Economics*. v. 26. p. 49-60. 2007.

Gianella, C., "Les Trente-cinq heures: un réexamen des effects sur l'emploi" *Economie & Prévision*. N. 175-76. p. 163-78. 2006

Gill, F., "The meaning of work: Lessons from sociology, psychology, and political theory" *Journal of Socio-Economics*. v. 28. p. 725-43. 1999.

Glazer, A. and Konrad, K.A., "A Signaling Explanation for Charity" *The American Economic Review*. v. 86. p. 1019-28. 1996.

Gordon, R. J., *The rise and fall of American growth*. Princeton (NJ): Princeton University Press, 2016.

Goldsmith, A.H., Veum, J.R. and Darity, W., "The psychological impact of unemployment and joblessness" *Journal of Socio-Economics*. v. 25. p. 3-58, 1996.

Gonzaga, G.M., Menezes Filho, N.A. e Camargo, J.M., "Os efeitos da redução da jornada de trabalho de 48 para 44 horas semanais em 1988". *Revista Brasileira de Economia*. v 57 p. 369-400. 2003.

Gorz, A., *Metamorfoses do trabalho. Crítica à Razão Econômica*. São Paulo. Annablume. 2003.

Gossen, H.H., (1854) *The Laws of Human Relations and the Rules of Human Action Derived Therefrom*. Cambridge/MA: The MIT Press. 1983.

Green, F. and Zhu, Y., "Overqualification, job dissatisfaction, and increasing dispersion in the returns to graduate education" *Oxford Economic Papers*. v. 62. p. 740-63. 2010

Greenwood, J., Guner, N., Kocharkov, G. and Santos, C., "Marry Your Like: Assortative Mating and Income Inequality". *American Economic Review*. v. 104. p. 48-53. 2014.

Gruber, J. and Mullainathan, S., "Do Cigarette Taxes Make Smokers Happier?" *The B.E. Journal of Economic Analysis & Policy*. 2005, v. 5. p. 1-45. 2005.

Harbaugh, W.T., "The Prestige Motive for Making Charitable Transfers" *The American Economic Review*. v. 88. p. 277-82. 1998.

_____, "What do donations buy?: A model of philanthropy based on prestige and warm glow" *Journal of Public Economics*. v. 67. p. 269-84. 1998.

Headey, B. and Wooden, M., "The Effects of Wealth and Income on Subjective Well-Being and Ill-Being". *Economic Record*. v. 80. p. 24-33. 2004.

Helen, H. and Ormerodh, P., *Happiness, Economics and Public Policy*. London: IDEA--The Institute of Economics Affaire. 2007.

Helliwell, J.F., Barrington-Leigh, C.P., Harris, A. and Huang,H. "International Evidence on the Social Context of Well-Being" *in* Diener, Helliwell and Kahneman (2010).

Hessami, Z., "The Size and Composition of Government Spending in Europe and Its Impact on Well-Being" *Kyklos* v. 63. p. 46-82. 2010.

Hicks, J.R., (1932), *The Theory of Wages*. New York: Palgrave Macmillan. 2016.

_____, (1939), *Value and Capital*. New York: Oxford University Press. 2001.

Hirsch, F., *Social Limits to Growth*. London: Routledge. 2 edition. 1978.

Hirschman, A.O. and Rothschild, M., " The Changing Tolerance for Income Inequality in the Course of Economic Development" *The Quarterly Journal of Economic*. v. 87. p. 544-66. 1973.

Hudson, J., "Institutional Trust and Subjective Well-Being across the EU" *Kyklos*. v. 59. p. 43-62. 2006.

Hundley, G., "Why and When Are the Self-Employed More Satisfied with Their Work?" *Industrial Relations*. v. 40 p. 293-316. 2001.

Inglehart, R.F., *Faith and Freedom: Traditional and Modern Ways to Happiness in* Ed Diener, E., Kahneman, D. and John Helliwell, J.(2010).

Inglehart, R., & Klingemann, H.D., *Genes, culture, democracy and happiness. in* Diener and Suh (2000).

Jevons, W.S., (1871) *A Teoria da Economia Política*. São Paulo: Abril Cultural. 1996.

Kahneman, D. and Tversky, A., "Choices, values, and frames." *American Psychologist*. v. 39. p. 341-350. 1984.

Kahneman, D., Diener, E. and Schwarz, N., (Eds.) *Well-Being: Foundations of Hedonic Psychology.* New York-Russell Sage Foundation Publications. 1999.

Kahneman, D., Krueger, A.B., Schkade, D.A., Schwarz, N. and Stone, A.A., "A survey method for characterizing daily life experience: the day reconstruction method." *Science.* v. 3. p. 1776-80. 2004.

Kahneman, D. and Krueger, A.B., "Developments in the measurement of subjective well-being" *The Journal of Economic Perspective.* v. 20. p. 3-24. 2006.

Kahneman, D. Krueger, A.B., Schkade, D., Schwarz, N. and Stone, A.A., "Would You Be Happier if You Were Richer. A Focusing Illusion" *Science.* v. 312. p. 1908-10. 2006.

Kahneman, D. and Deaton, A., High income improves evaluation of life but not emotional well-being. *PNAS (Proceedings of the National Academy of Sciences of the United States of America).* v.107. p.16489-16493. 2010.

Knabe, A. and Rätzel, S., "Scarring or Scaring? The Psychological Impact of Past Unemployment and Future Unemployment Risk" *Economica.* v.78. p.283-93. 2011.

Keynes, J.M., (1936), *A Teoria Geral do Emprego, do Juro e da Moeda.* São Paulo: Atlas. 1982.

Kingdon, G. and Knight, J., "Community, comparisons and subjective well-being in a divided society" *Journal of Economic Behavior & Organization.* v. 64. p. 69-90. 2007.

Konow, J. and Earley, J., "The Hedonistic Paradox: Is *homo economicus* happier?" *Journal of Public Economics.* v. 92. p. 1-33. 2008.

Krueger, A.B. and Meyer, B.D., "Labor Supply Effects of Social Insurance" *in* Auerbach and Feldstein (2002).

Messner, C. and Wänke, M., "Good weather for Schwarz and Clore" *Emotion.* v. 11. p. 436-7. 2011

Nordhaus, W.D. e Tobin, J., "Is Growth Obsolete?" *in The Measurement of Economic and Social Performance,* NBER. 1973, p. 509-564.

Lane, R.E., "Work as "disutility" and money as "happiness": Cultural origins of a basic market error" *The Journal of Socio-Economics.* v. 21. p. 43-64. 1992.

Larson, R and Csikszentmihalyi, M., "The Experience Sampling Method". *New Directions for Methodology of Social and Behavioral Science.* v. 15. p. 41–56. 1983.

Layard, R., *Happiness: Lessons from a New Science.* London: Penguin Books (Reprint edition). 2006.

Lindeboom, M. and Kerkhofs, M., "Health and work of the elderly: subjective health measures, reporting errors and endogeneity in the relationship between health and work." *Journal of Applied Econometrics.* v. 26. p. 1024-46. 2009.

Lucas, R., " Expectations and the Neutrality of Money". *Journal of Economic Theory.* v. 4. p. 103-24. 1972.

-----------."Some International Evidence on Output-Inflation Tradeoffs." *American Economic Review.* v. 63. p. 326-34. 1973.

Lucas, R.E., "Long-term disability is associated with lasting changes in subjective well-being: evidence from two nationally representative longitudinal studies."*Journal of Personality and Social Psychology.* v. 92. p. 717-30. 2007.

Lucas, R.E., Clark, A.E., Georgellis, Y. and Diener, E., "Reexamining Adaptation and the Set Point Model of Happiness: Reactions to Changes in Marital Status" *Journal of Personality and Social Psychology.* v. 84. p. 527-39. 2003.

Lucas, R.E. and Lawless, N.E., "Does life seem better on a sunny day? Examining the association between daily weather conditions and life satisfaction judgments." *Journal of Personality and Social Psychology.* v. 104. p. 872-84. 2013.

Luechinger, S."Valuing Air Quality Using the Life Satisfaction Approach" *The Economic Journal.* v. 119. p. 482-515. 2009.

Luechinger, S., Meier, S. and Stutzer, A., "Why Does Unemployment Hurt the Employed? Evidence from the Life Satisfaction Gap between the Public and the Private Sector" *Journal of Human Resources.* v. 45. p. 998-1045. 2010.

Luttmer, E.F.P., "Neighbors as Negatives: Relative Earnings and Well-Being" *The Quarterly Journal of Economics.* v. 120. p. 963-1002. 2005.

Lutz, F.A. and Hague, D.C., *(Eds) Theory of Capital.* London: Macmillan. 1961.

Lykken, D. and Tellegen, A., "Happiness Is a Stochastic Phenomenon." *Psychological Science.* v. 7. p. 186-189. 1996.

Haan, P. and Myck, M., "Dynamics of health and labor market risks" *Journal of Health Economics.* v. 28. p. 1116-25. 2009.

Helliwell, J.F. and Huang, H., "How's Your Government? International Evidence Linking Good Government and Well-Being" *British Journal of Political Science.* v. 38. p. 595-619. 2008.

Hurwicz, L. and Uzawa, H., "On the integrability of demand functions." *in* Chipman et al. (1971), capítulo 6, p. 114-148.

Jonung, L. and Wadensjö Jonung, L. and Wadensjö, E., "The Effect of Unemployment, Inflation and Real Income Growth on Government Popularity in Sweden" *The Scandinavian Journal of Economics.* v. 81. p. 343-53. 1979.

Kotakorpi, K and Laamanen, J-P., "Welfare State and Life Satisfaction: Evidence from Public Health Care" *Economica.* v. 7. p. 565-83. 2010.

Maddison, A., *The World Economy. A Millennial Perspective.* Paris: OCDE. 2003.

Meisenberg, G. and Woodley, M. A., "Gender Differences in Subjective Well-Being and Their Relationships with Gender Equality" *Journal of Happiness Studies.* v. 16 p. 1539-55. 2015.

Morawetz, D., Atia, E., Bin-NunF.L., Gariplerden, Y., HarrisS.S., Tombros, G. and Zarfaty, Y., "Income Distribution and Self-Rated Happiness: Some Empirical Evidence" *The Economic Journal* v. 87. p. 511-22. 1977.

Myers, D.G., "Close relationship and quality of life" *in* Kahneman, Diener and Schwarz (1999).

Nordhaus, W. and Tobion, J., "Is Growth Obsolete?" *in* NBER. Economic Research: Retrospect and Prospect, v. 5. *Economic Growth*. 1972. (Disponível em http://www. nber.org/chapters/c7620.pdf; consultado em janeiro de 2018).

Norris, P., "Still a Public Service Ethos? Work values, experience, and job satisfaction among government workers" *in* Donahue and Nye Jr. (2003).

OECD, *Education at a Glance*. Paris: OECD. 2011.

_____, *How's Life. Measuring Well-being.* Paris: OECD. 2013.

Oishi, S., Schimmack, U. and Diener, E., "Progressive taxation and the subjective well-being of nations" *Psychological Science.* v. 23. p. 86-92. 2012.

Oreopoulos, P. and Salvanes, K. G., "Priceless: the nonpecuniary benefits of schollin" *Journal of Economic Perspectives.* v. 25. p. 159-84. 2011.

Oreopoulos, P., VonWachter, Y., and Heiz, A., "The Short- and Long-Term Career Effects of Graduating in a Recession: Hysteresis and Heterogeneity in the Market for College Graduates" *NBER Working Paper No. 12159.* April, 2006. (Disponível em: http://www.nber.org/papers/w12159.pdf; Consultado em agosto 2017).

Oswald, A.J. and Powdthavee, N., "Does happiness adapt? A longitudinal study of disability with implications for economists and judges" *Journal of Public Economics.* v. 92. p. 101-77. 2008.

Paldam, M., "A Preliminary Survey of the Theories and Findings on Vote and Popularity Functions" *European Journal of Political Research.* v. 9. p. 181-99. 1981.

Pelkowski, J.M. and Berger, M.C., "The impact of health on employment, wages and hours worked over the life cycle." *The Quarterly Review of Economics and Finance.* v. 44. p. 102-21. 2004.

Pereira, R. e Gonzaga G.M., "A Partilha do Trabalho e a Demanda Dinâmica por Trabalhadores e Horas" *Revista Brasileira de Economia.* v. 55. p. 5-32. 2001.

Phillips, A.W., "The Relation Between Unemployment and the Rate of Change of Money Wage Rates in the United Kingdom, 1861–1957" *Economica.* v. 25. p. 283-99.

Powdthavee, N., *The Happiness Equation: The Surprising Economics of Our Most Valuable Asset.* London:Icon Books. 2011.

Prescott-Allen, R., *The Wellbeing of Nations: A Country-By-Country Index Of Quality Of Life And The Environment.* Washington-DC: Island Press. 2001.

Ramos, C.A., Economia do Trabalho. *Modelos Teóricos e o Debate no Brasil.* Curitiba: CRV. 2012.

_____ , *Introdução à Economia da Educação.* Rio de Janeiro: AltaBooks. 2015.

Rayo, L. and Becker, G.S., "Evolutionary efficiency and happiness." *Journal of Political Economy.* v. 115, p. 302-337. 2007.a.

_____, "Habits, Peers, and Happiness: An Evolutionary Perspective" *The Americam Economic Review.* v. 97. p. 487-1, 2007.b.

Rehdanz, K, and Maddison, D., "Climate and Happiness" *Ecological Economics.* v. 52. p. 111-25. 2005.

Ricardo, D., (1817), Princípios de Economia Política e Tributação. São Paulo: Abril Cultural. 1982.

Samuelson, P. A., "A Note on the Pure Theory of Consumer's Behaviour". *Economica.* v. 5. p. 61-71. 1938.a.

_____, "A Note on the Pure Theory of Consumer's Behaviour: an addendum." *Economica.* v. 5. p. 353-354. 1938.b.

_____, *(1947), Foundations of Economic Analysis.* Cambridge: Harvard University Press. 1983.

_____, "Consumption Theory in Terms of Revealed Preference" Economica. v. 1. p. 243-253. 1948.

_____, "The Evaluation of "Social Income: capital formation and wealth", 1961, *in* Lutz and Hague (1961), capítulo 3.

Sargent, T. and Wallace, N., "Rational Expectations, The Optimal Monetary Instrument and The Optimal Money Supply Rule". *Journal of Political Economy.* v. 83. p. 241-54. 1975.

Schwarz, N. and Clore, G. L., "Mood, Misattribution, and Judgements of Well-Being: Informative and Directive Functions of Affective States" *Journal of Personality and Social Psychology.* v. 455. p. 513-23. 1983.

Schwarz, N. and Struck, F., "Reports of Subjective Well-Being: Judgmental Processes and Their Methodological Implications" *in* Kahneman, Diener and Schwarz (1999).

Schwarze, J. and Härpfer, M., "Are people inequality averse, and do they prefer redistribution by the state ? Evidence from German longitudinal data on life satisfaction" *The Journal of Socio-Economics.* v. 36. p. 233-49. 2007.

Schulz, R. and Decker, S., "Long-term adjustment to physical disability: the role of social support, perceived control, and self-blame." *Journal of Personality and Social Psychology.* v. 48. p. 1162-72. 1985

Smith, A., (1759) *Teoria dos sentimentos morais.* São Paulo: Martins Fontes, 1999.

Senat (USA), *National Income, 1929-1932.* January 4, 1934. United States. Washington. Government Printing Office. (Disponível em: https://goo.gl/W5iqk6; consultado em dezembro de 2016).

Senik, C., "When Information Dominates Comparison. Learning from Russian Subjective Panel Data" *Journal of Public Economics.* v. 88. p. 2099-2123. 2004.

_____, "Income distribution and well-being: what can we learn from subjective data? *Journal of Economic Surveys.* v. 19. p. 46-63. 2005.

_____, "Ambition and Jealousy: Income Interactions in the "Old" Europe versus the "New" Europe and the United States". *Economica.* v. 75. p. 495-51. 2008.

_____, "Direct evidence on income comparisons and their welfare effects" *Journal of Economic Behavior & Organization.* v. 72. p. 40-424. 2009.

_____, "The French unhappiness puzzle: the cultural dimension of happiness" *Journal of Economic Behavior & Organization*. v. 106. p. 379-401. 2014.

Solnicka, S. and Hemenway, D., "Is more always better?: A survey on positional concerns" *Journal of Economic Behavior & Organization*. v. 7. p. 373-83. 1998.

Stavrova, O., Schlösser, T. and Fetchenhauer, D., "Are the unemployed equally unhappy all around the world? The role of the social norms to work and welfare state provision in 28 OECD countries" *Journal of Economic Psychology*. v. 2. p. 159-71. 2011.

Stevenson, B and Wolfers, J., "The Paradox of Declining Female Happiness" *The American Economic Journal. Economic Policy*. v. 1. p. 190-225. 2009.

Studenski, P., *The Income of Nations*. New York:New York University Press. 1958.

Stutzer, A. and Frey, B. "Does marriage make people happy, or do happy people get married ?" *The Journal of Socio-Economics*. v. 5. p. 26-47. 2006.

Tay, L., Chan, D. and Diener, E., "The metrics of societal happiness". *Social Indicators*. v. 117. p. 577-600. 2014.

United Nations, (UN), *World Happiness Report*. 2017.

Van Landeghem, B "A test for the convexity of human well-being over the life cycle: Longitudinal evidence from a 20-year panel" *Journal of Economic Behavior & Organization*. v. 81. p. 571-82. 2012.

Varian, H.R., *Microeconomia. Princípios Básicos*. Rio de Janeiro: Editora Campus. 1994.

Varshney, L.R. and Sun, J.Z., "Why do we perceive logarithmically?" *Significance. The Royal Statistical Society*. v. 10. issue 1. p. 28-31. February 2013.

Veenhoven, R., "Wellbeing in the Welfare State. Level not higher, distribution not more equitable" *Journal of Comparative Policy Analysis*. V. 2. p.91-125. 2000.

_____, How Universal is Happiness ? , *in* Diener, Helliwell and Kahneman (2010).

Verme, P., "Life Satisfaction and Income Inequality" *The Review of Income and Wealth*. v. 57. p. 111-27. 2011.

Waiselfisz, J.J., Mapa da Violência 2016. FLACSO-Brasil. 2015. (Disponível em: http://www.mapadaviolencia.org.br/pdf2016/Mapa2016_armas_web.pdf. Consultado em janeiro 2018).

Weber, M., *(1904/5) A Ética Protestante e o "Espírito" do Capitalismo*. São Paulo: Companhia das Letras. 2004.

Welsh, H., "Preferences over Prosperity and Pollution: Environmental Valuation based on Happiness Surveys" *Kyklos*. v. 55. p. 473-94. 2002.

_____, "Environment and happiness: Valuation of air pollution using life satisfaction data" *Ecological Economics*. v. 58. p. 801-13. 2006.

Weimann, J., Knabe, A. and Schöb, R., *Measuring Happiness: The Economics of Well-Being*. Cambridge/MA-The MIT Press. 2015.

Wierzbicka, A., "'Happiness' in Cross-Linguistic & Cross-Cultural Perspective" *Daedalus*. v. 133. p. 34-4. 2004.

Winkelmann, L. and Winkelmann, R. R., "Why are the Unemployed So Unhappy? Evidence from Panel Data" *Economica*. v. 65. p. 1-15. 1998.

Wood, W., Rhodes, N., and Whelan, M., "Sex differences in positive well-being: A consideration of emotional style and marital status" *Psychological Bulletin*. v. 106. p. 249-64. 1989.

Wu, S., "Adapting to heart conditions: a test of the hedonic treadmill." *Journal of Health Economics*. v. 20. p. 495-507. 2001.

Zimmermann, A.C. and Easterlin, R.A. "Happily Ever After? Cohabitation, Marriage, Divorce, and Happiness in Germany" *Population and Development Review*. v. 32. p. 511-28. 2006.

Este livro foi impresso nas oficinas gráficas da Editora Vozes Ltda.,
Rua Frei Luís, 100 – Petrópolis, RJ.